工作前5年，学会一生受用的职场礼仪经

罗芳 著

中国铁道出版社
CHINA RAILWAY PUBLISHING HOUSE

内 容 简 介

职场礼仪是现代职场人士不得不注意的一项必修课，本书从职场的方方面面着手，向读者全方位展示了职场礼仪的各项内容。

全书共包括8章，第1～3章主要讲解个人的谈吐、举止、衣着等方面的礼仪，让读者首先从自身开始改变，在本书的4～8章则对常见的各类商务礼仪进行了阐述，让读者了解在各式各样的职场交往中应该注重哪些细节，才不会有损公司的形象和利益。

本书在讲解过程中，少理论、重细节，选取了大量实际工作中经常会遇到的情形进行详细说明。本书特别适合初入职场、缺乏礼仪知识以及负责业务销售、人际管理和后勤安排的各类职场人士参考使用。

图书在版编目（CIP）数据

工作前5年，学会一生受用的职场礼仪经/罗芳著.—北京：中国铁道出版社，2018.10

ISBN 978-7-113-24729-4

Ⅰ.①工… Ⅱ.①罗… Ⅲ.①心理交往－礼仪 Ⅳ.①C912.11

中国版本图书馆CIP数据核字（2018）第154164号

书　　名：工作前5年，学会一生受用的职场礼仪经
作　　者：罗　芳　著

责任编辑：吕　芟　　**读者热线电话**：010-63560056
责任印制：赵星辰　　**封面设计**：MXK DESIGN STUDIO

出版发行：中国铁道出版社（100054，北京市西城区右安门西街8号）
印　　刷：三河市宏盛印务有限公司
版　　次：2018年10月第1版　　2018年10月第1次印刷
开　　本：700mm×1 000mm　1/16　**印张**：14.25　**字数**：150千
书　　号：ISBN 978-7-113-24729-4
定　　价：49.00元

前言

PREFACE

在职场工作中除了业务能力被公司看重以外，人与人之间的交往也越来越受到众多企业的重视，成为影响职场人士入职、合作和晋升重要因素，很多大型企业还会专门为本公司的职员进行礼仪培训，以期能够全方位地塑造公司形象。所以无论是为了个人利益，还是公司形象，职场礼仪都已成为上班族必不可少的一课。

个人举止如何规范，如何回答面试官的问题；怎样穿着职业服装，怎样站坐行蹲，与人微笑；沟通时如何仔细聆听，使用电话或社交软件时应该注意哪些问题；办公室交往中，如何与同事合作共赢，向领导汇报工作时怎样一步到位；公共空间的哪些行为要收敛；谈判开会时会议记录该怎么做；接待拜访时如何让客户心满意足；如何宴请，如何进行邮件、书信往来等。以上这些问题，是每一个职场人士都有可能面临的，在本书中，你都可以找到这些问题的答案。

在正式阅读本书前，希望读者能花点时间了解一下本书的章节结构，这将对阅读本书很有帮助。

本书包括8章内容，具体章节的内容如下。

◎ 第1～第4章

个人的形象和举止礼仪是职场人士首先要注意的，因此本书的第一部分从面试开始，到衣着服饰，再到同事相处，旨在让读者从实际的办公场合出发，从进入职场开始便注意自身礼仪。

◎ 第5～7章

该部分主要从与客户交往方面来展示在职场中应该注意的礼仪，包括与客户谈判、接待拜访等对外的商务交流中容易出现的诸多细节问题，对于负责与客户打交道的职场人士有较大的帮助。

◎ 第8章

这一部分重点讲解了商务交往中比较特殊的一类，即邮件书信的往来，通过文字与同事、上司或客户进行交流时需要注意起码的遣词造句和格式内容，清楚地向对方表达自己的意思。通过对该部分的学习，读者可对文字信息有一个基本的把控，有效地提升书信格式的规范和内容的书写。

本书语言简洁精练、通俗易懂，为了让读者能清楚地了解职场礼仪的各项要点，书中采用了大量的表格和图示，具体到每一个步骤和细节，相信读者定能从中得到有效的方法。本书特别适合初入职场，缺乏礼仪知识，负责业务销售、人际关系管理或后勤安排的各类职场人士使用参考。

最后，希望所有读者都能从本书中获益，由于编者能力有限，若本书内容出现不完善的地方，希望获得读者的指正。

编 者

C O N T E N T S

第 1 章　在求职面试中赢得职场好印象

对于个人而言，求职是一个慎重的过程，如何好好表现，受到心仪的企业的青睐是求职者们一直探寻的问题。而对于企业而言，筛选形形色色的求职者，留下最匹配职位的人，同样是一个慎重的过程。双方在互相选择的过程中，只有注意一定的职场礼仪细节，才能给对方留下好印象。

第2章　仪容仪表仪态，塑造职业化形象

仪容、仪表和仪态最直观地展示着我们的精神面貌，在职场中，第一印象不是工作能力，而是我们展示出来的仪容、仪表和仪态，并且大众往往认为拥有良好职业形象的职员的工作能力也更强。因此，在塑造职业化形象时一定要慎重，严格按照职场礼仪来规范自己的仪容、仪表和仪态。

第3章 沟通交谈，言之有“礼”

在职场中，有礼节地同他人沟通交流，是展现自我魅力和素质的重要方式。无论在面试、社交或是日常交流中，说话的礼节和禁忌是每个职场人士都要了解和注意的。礼貌地交谈，不仅要做到言之有物，还要做到善于倾听，尤其是做好电话的接听。

第4章 商务办公，让好印象深入人心

职场人士在办公时，会经常与同事、领导打交道，在待人接物方面尤其要注意不可失了分寸，越过正常交往的界限，这样不仅会引起大家的反感，还会降低工作效率。从打招呼到汇报工作，职场的事不分大小，每一件都要认真对待，事无巨细、面面俱到，才能做到专业水平与礼仪修养兼修。

第 5 章 会议管理，开一个成功的会

在解决企业各种销售、人事、行政等相关问题时，举行会议是一种基本的方式，各部门各职员可交流想法，同时传达上级的指示。无论是组织会议，还是参加会议，都应当遵守礼仪规范。只有了解相关的礼仪，才能在组织会议时提高会议的效率，在参加会议时表现出应有的素质与形象。

第6章 接待谈判，创造双赢局面

身在职场，肯定对企业之间的各种商务交往司空见惯，无论是接待客户或是谈判都是商务交往的基本形式和重要环节，那么代表着公司形象的职场人士也应讲究接待礼仪和谈判礼仪，给对方留下好的第一印象，才能进一步展开交流与合作。

第7章 客户拜访，好礼节拥有好客户

商务交往的工作多种多样，除了接待谈判以外，还有电话交谈、上门拜访等一系列活动。而在商务拜访的过程中，有些约定俗成的礼仪是要职场人士熟知并且灵活运用的，包括提前预约、准备礼物和注意自身仪表等，掌握这些礼仪技巧，能为拜访活动更加顺畅地进行提供重要保证。

第8章　商务文书，别说你不知道

除了面对面地与人交往，在职场中还会出现使用信函与同事、领导或客户进行交流的情况。书面的文字能展现庄重感和礼仪风范，表情、声音被文字所替代。所以，有关文字的写作规范和禁忌就需要职场人士掌握和了解，让对方见字识人，通过文字感受到你的礼貌周全。

在求职面试中赢得职场好印象

对于个人而言，求职是进入职场的第一步，是一个慎重的过程，如何好好表现，受到心仪的企业的青睐是求职者们一直探寻的问题。而对于企业而言，筛选形形色色的求职者，留下最匹配职位的人，同样是一个慎重的过程。双方在互相选择的过程中，需要注意哪些职场礼仪细节，才能给对方留下得体的印象呢？

1.1

学习职场礼仪，赢得职场一席之地

求职是一门学问，心理学家奥里欧文说过："企业大多数录用的是有礼节的人，而不是能干的人。"中国作为礼仪之邦，日常生活中的礼仪本就很考究了，至于面试这样严肃的场合，礼仪要求更是严苛。

作为一个社会人，求职是我们必经的过程。而面试又是求职的关键，面试前做的一系列准备都是在为面试时的优秀表现奠定基础。那么，面试时如何才能让自己以良好的状态获得企业的青睐，就是我们接下来要学习的内容。

1.1.1 制作一份 99 分的简历

简历是求职的敲门砖，也是求职礼仪的书面体现，企业抛出橄榄枝往往就是因为一份出色的简历，它不仅反映了求职者自己的基本情况，也体现了求职者对企业尊敬的态度。因此，无论以往的人生阅历如何，简历中都应该尽量将自己包装成一个值得企业信赖的人。

要做出出色的求职简历，需要从如下几个方面进行考虑。

真实性。简历是企业对求职者的第一印象，虚假的简历会让企业反感，甚至直接淘汰。因此，撒谎对于求职者来说是致命的错误。但对于没有工作经历的应届毕业生来说，适当地优化简历是可行的，比如重点列举在校期间参与的社会实习、社团工作以及志愿者活动等与社会相关或者需要团队协作的活动，这样既能展示出个人优势，简历中也没有造假的成分。

针对性。制作简历时，要针对具体的求职目标写出重点。招聘的企业不同，招聘的要求也会有所差距，而求职者的简历则要尽量将自己描述成适合目标职位的人选。因此制作求职简历时最好要考虑到这一点，以做出不同版本的简历。

价值性。一般来说，企业招聘时 HR 会阅读大量的简历，所以简历的篇幅不能太长，应该用最简短的篇幅让 HR 了解到你的优势，这就要求我们要筛选出最有价值的信息展示在简历上。比如在教育经历部分，我们最好只展示高等教育的相关经历，因为中小学的教育经历一般不具有参考价值。

条理性。拥有一份条理清晰的简历更容易让 HR 在短时间内记住你，因此，在简历的制作中，一定要注意逻辑不能混乱，也不能写漏或写错信息。简历的版块要明确，大致是个人信息及求职目标、教育经历、工作经历、职业技能、语言和计算机等级以及获奖经历等，如果还有比较出彩的方面可以简单展示，面试时再详细讲述。

1.1.2 守时，没做到一定会减分

守时是最基础的职业素养，是每个职场人士必须遵循的基本礼仪。在求职过程中，是否守时也是面试官对求职者首要衡量的标准，如果面试都不能做到守时，那么企业也会怀疑求职者在工作中对时间的把控能力，因此，求职者做不到守时，一定会给自己减分。

说到守时，大多数人首先想到的就是不能迟到。大众对迟到的定义本就带有贬义，大家都很清楚迟到是不好的。迟到不仅让企业对

求职者的印象大打折扣，同时也不利于与其他求职者竞争，因为人事（HR）会在这一时段面试大量求职者，排在前面的求职者往往会给 HR 留下比较深刻的印象，所以不迟到也能成为求职者的加分项。

小李是某创业公司的一名技术部职员，因为公司规模不大，公司人数也不多，小李跟老板和同事们都是称兄道弟的关系，所以对于经常迟到的小李，公司也不怎么追究。

一次机缘巧合，小李经大学同学介绍，得到了一个去大型企业面试的机会，但由于小李时间观念不强，当天面试迟到了。

两天后，面试结果公布了，小李没有得到这个职位。同学告诉他，其实当天小李发挥得不错，只不过由于小李迟到了几分钟，老板认为这是原则问题，执意录用了技术稍不如小李的另一位守时的面试者。

既然不能迟到，很多人就选择早到，可是早到也是有讲究的，最好提前 10 ~ 15 分钟，这样可以熟悉一下环境，因为陌生的环境会带给人更加强烈的紧张感，从而影响面试发挥。但过于早到也不合适，毕竟招聘单位主要的工作是创造利益，抽出时间来安排早到的求职者会给招聘单位增加不必要的工作量。

小李在因为上次面试迟到而失败之后吸取教训，积极改正了迟到的习惯，没过多久，小李又得到一个面试的机会，这次小李为了避免迟到，早早地出了门，结果早到了整整一个小时。

当小李见到 HR 时，HR 说的第一句话居然是：“怎么这么早就来了，不是还有一个小时吗，我接下来还有个会呢。”于是小李只能坐在休息室干等着，想到刚才 HR 不耐烦的语气，小李感觉自己又错了，于是压力越来越大，等开始面试时，已经非常紧张了，连自己应聘的岗位都差点讲错了。后来，面试结果出来了，这个职位还是与小李失之交臂了。

1.1.3 想要脱颖而出，靠服饰打扮

收到面试通知之后，很多人会埋头忙于准备面试问答了，他们往往忽略了一个重要的礼仪环节——面试形象规划。比起穿着打扮随便的求职者，HR 会认为打扮得体的求职者更重视这份工作，对待两者的态度也会有所不同。接下就分性别来具体讲解面试的打扮技巧。

（1）男性篇

男性的着装在颜色选择上最好不要超过 3 种，这样整个人看起来会比较清爽，也比较踏实。一般大型的企业都会要求面试着正装，因此选择尺寸合适的西服非常有必要，西服太大会显得不精神，西服太小会显得局促，只有合适的西服适合职场。着西服自然会搭配领带，领带的颜色和图案也是很重要的，也要跟西服的搭配看起来舒服，不要显得格格不入。

下装的选择也很讲究，随便选择牛仔裤和西服搭配是绝对不行的，牛仔裤并不是正装。选择的裤子最好是和西服成套的，如果不行，至少色调要保持一致。裤子不能太宽，那样会显得臃肿，也不能太窄，那样会行动不便，至于长短，盖住鞋面就合适了。一定不能选择白色袜子搭配皮鞋，要选深色袜子。皮带则选样式简单的黑色皮带就好，皮带扣的装饰也不能太亮。

（2）女性篇

比起男性，女性的服饰就要灵活得多了，除了职业套装，还可以选择自由搭配，只是颜色还是要以淡雅色系为主，太鲜艳的颜色不适合求职者。上装一般选择衬衫，虽然样式比较单一，但是当下有很多不同面料的衬衫可以选择。

至于下装，对于女性求职者来讲，最重要的标准就是不能太短，裙装长度最好位于膝盖的位置，可超过膝盖，但最好不要短过膝盖。裤装一般选择简洁大方的长裤，同样，牛仔裤不作考虑。鞋子的选择也有标准，一般选择5厘米左右的黑色高跟鞋，鞋面最好没有装饰，鞋跟不能太细。

女性还需要注意一些装扮细节问题，比如面试时最好不要佩戴饰品；指甲也要干净整洁，指甲油脱落的话，要么卸掉，要么重新补好；面试时用的背包，颜色也不能太鲜艳，要跟着装搭配，最好不背LOGO显眼的包。

1.1.4 面试遇到被等待，如何有礼节地对待

在面试前，求职者精心准备，准时来到面试地点，HR却迟到了。面对HR的迟到，许多初入职场的新人会表现得非常不耐烦，或者以为自己占理，在面试时表现得非常高傲，这些都是错误的态度。企业存在的目的是盈利，HR当然会先把为企业创造利益的工作做好再来面试求职者，因此难免会迟到。

作为一个有礼节的求职者，这个时候应该耐心地在安排的区域等候，并表现出理解的态度，这也会为自己的面试加分。

如果求职者比较多，在面试过程中排队等待面试也是经常遇到的，当前一个面试者出来以后，应该起身准备进入面试的办公室，但在敲门以后可以稍微停顿几秒，如果未收到等待示意，即可进入，安静地进去等待HR填好对上一位求职者的评价，不能看到HR在填写评价就站在门口观望而不进入，这样显得不懂得职场规则，会让HR质疑你的工作能力。如果HR示意等待一下，即站在门口等候，避免给人

莽撞的感觉。

1.1.5 开始和结束的 5 分钟决定去留

面试中，HR 会提出各种专业或非专业的问题，但是普遍来说，无论哪个行业，哪家公司，求职者都会面临同样的两个问题：面试的开头和结束。这两个问题往往决定着求职者的去留。那么，在这两个环节中，求职者需要注意哪些职场礼仪细节呢？

（1）开始的 5 分钟

当 HR 提出自我介绍的要求时，求职者不能因为简历上有，就消极对待，HR 提出自我介绍的要求当然是有其考量的价值的，它不仅可以考量简历的真实性，还可以考量求职者的语言表达能力和逻辑思维能力，也可以体现对时间的把控力。因此求职者在进行自我介绍时，要注意以下几点细节。

①自我介绍的时长最好控制在 5 分钟左右，在短时间内让 HR 了解你的优势，不用担心介绍得不够细致，因为之后 HR 会针对自己感兴趣的部分和与职位相关的部分提出问题。

②要明确自我介绍的目的是让 HR 认为你的经历对你竞聘的职位有很大的帮助。那么，介绍的侧重点就应该放在以往的工作经历和工作内容上，这时候就可以稍微详细地讲一下简历上提到的出彩经历。而教育经历只讲最高教育经历就行。职业技能和个人特长也只介绍和竞聘的职位相关的就好。

③条理清晰的自我介绍更容易让 HR 记住你。先讲在校时的优秀经历，再讲工作的项目经验是我们最推荐的顺序。在校经历表现了你

的学习能力，项目经验表现了你的工作和领导能力，是循序渐进的。

（2）结束的5分钟

当面试接近尾声、HR了解得差不多的时候，很多HR会将主动权抛给求职者，会问求职者还有什么想问的。面对这个开放性问题，求职者同样不可以掉以轻心，以下是给求职者的一些忠告。

①初入职场的求职者听到该自己提问的时候，总是口无遮拦，随便提问，甚至提问能不能试试正在招聘的另一个职位。听到这样的问题，就算你本来发挥得很好，HR也几乎不会再考虑你了。

②一些过度自信的求职者，认为提出对企业管理的质疑就能让HR刮目相看，不过这样往往弄巧成拙，让HR反感并且产生警惕。

③虽然薪资待遇问题是大家最关心的问题，但是不能操之过急，在这个时候询问薪资，明显不合时宜，在对方还不确定求职者能力是否达到要求时，求职者却不是想着如何证明自己的能力和得到职位的决心，这样显得格局很小，是面试大忌。

1.1.6 等待面试结果，主动还是被动

面试结束以后，很多中小型企业可能当场就确定了求职者的去留，大型企业不太一样，HR会让求职者等待通知，等待时间一般是一周左右，等待面试结果的过程，到底是该主动还是被动呢？

小王参加了某外企的3轮面试以后，HR告诉他只要人事经理点头，小王就能入职了，可是不巧的是人事经理刚好出差了，要两天后才回来，可能需要等待两天才能通知小王面试结果，HR还将经理的电话号码给了小王。

过了两天，小王并没有收到面试结果的通知，犹豫再三，小王拨通了 HR 留给他的经理电话，聊了 5 分钟经理就让小王尽快来上班了。原来经理是故意没有打电话给小王，因为面试的时候经理不在，听到 HR 的描述之后就想试一试小王对这份工作的热情，于是便等待小王主动打电话来。小王主动打了电话，等于通过了面试的最后一关，得到了自己心仪的职位。

如果遇到需要等待面试结果的情况时，在 HR 给的时间范围内就一定要保持电话畅通，耐心等候，如果超过了时间范围还没收到通知，就需要求职者主动打电话去询问了。

打电话向 HR 询问也是有讲究的，一定要客气，要表现出自己对这个职位的热忱。即使被告知自己被淘汰了，也要礼貌地询问自己面试时的不足之处，避免下一次面试时重蹈覆辙。

很多求职者碍于面子不愿意主动打电话询问面试结果，这是被动的做法。主动打电话询问的结果无非是录用、没有录用和还没出结果这三种情况。录用自然是最好的，免得再饱受煎熬。还没出结果，这时可以趁机再向 HR 表示自己对这份工作的向往，巩固之前的印象。最差不过是没有录用，知道自己没被录用也避免再浪费时间等待，继续寻找新的工作。因此，主动询问面试结果怎么看都是有利的。

1.2 面试官是公司形象的窗口

很多人认为面试只是求职者被企业挑选的过程，其实不然，面试是求职者和面试官双向了解的过程。在面试官依靠逐个细节考察求职者的同时，面试官的一举一动也反映出公司的形象。

因此，在筛选求职者的过程中，面试官也要注意公司形象的维护，在树立威严的同时也要举止得体才好。

1.2.1 面试邀约电话竟然还有"套路"

无论是什么样的公司都有过被求职者"放鸽子"的经历，可是明明是求职者自己投递的简历，收到面试邀约为什么会放弃面试呢？答案有可能是面试邀约电话出了问题。

对于大型公司来说，组织一轮面试就会有很多人参加，个别求职者放弃面试并不存在影响，但对于求贤若渴的中小型公司来说，如何礼貌地邀约面试，让求职者不产生反感并体会到企业的重视，从而增加面试邀约的成功率呢？

（1）面试邀约电话里，HR要了解的内容

- 简历上的疑问之处。
- 是否还在求职阶段。
- 面试意向如何。
- 是否同意安排的面试时间。

（2）面试邀约电话内容举例

"您是××先生/女士吗？我是××公司的HR，我们公司全称是××有限公司。请问您现在是否方便接听电话（不方便则邀约下次致电时间）。我这边在××网看到您投递的简历，请问您现在还在找工作是吧。我们想邀请您于××日上午/下午来我们公司面试，您看方便吗？（不方便则问对方什么时候方便，灵活安排）那我把公司地址以短信的形式发送到您的手机上您看可以吗？好的，请注意查收。”

（3）面试邀请短信内容举例

______，您好！______公司邀请您来面试__________的职位。面试时间：______年______月______日上午 / 下午___点；面试地址：__________________。届时请携带您的个人简历、身份证复印件 1 份、学历证书和相关证书前来我公司面试。咨询电话：______________。

1.2.2 面试接待如何步步为“赢”

面试礼仪不仅要在面试者身上体现，面试接待更要注重礼仪。接待的每一个步骤，每一个细节都会反映出企业文化，在这个过程中，求职者会思考很多，任何不足都会导致求职者在面试的条件谈判中提出更高的要求。因此，面试接待也要为公司争取最大的利益。

体贴、周到、有礼的面试接待会让求职者感到轻松，也会让求职者对公司增加好感。而简陋粗糙的面试接待会让求职者对公司产生反感。那么，如何才能确保面试接待的各个流程都能体现公司的体贴周到呢？

接待准备。考虑到要记录求职者个人信息的笔和《职位申请表》，如果表格需要粘贴照片，双面胶或胶水也需要准备。

接待流程。见到前来面试的求职者应该礼貌大方地询问其面试职位，查看求职者身份证，收取简历，并安排在等候区就坐。在求职者填写《职位申请表》时，倒水给求职者并复印求职者的相关证书和资料。待其填好表格后，检查是否有遗漏和错误，及时让其修改。检查完毕后将资料与表格装订好，安排求职者在座位上稍等一下，将资料交给人事经理。等待期间可提供公司宣传资料让其了解公司大致状况，当求职者询问职位相关的问题，可告知大致范围。等面试官示意接待人员可以开始面试时，接待人员将求职者带到面试的办公室，请其入座。

接待结束。当求职者面试结束离开后，接待人员要将其所有资料整理成册，分类存档。整理好等候区的水杯和宣传册等物品，保持等候区的整洁，方便接待下一位求职者。

面试接待的工作看起来容易，实则繁杂琐碎，但是如果按照以上流程安排接待，便几乎不会有漏洞，也会让求职者有一个舒适的面试体验。

1.2.3 从言行举止等细节发现求职者的真性格

在面试工作中，面试官就像是伯乐，到底要怎样才能辨别出众多前来面试的求职者中谁才是千里马呢？这就需要面试官在面试中从对方的一举一动分析出求职者的性格。分析一个人的性格其实并不难，只要掌握了观察的方法，就能不动声色地、礼貌地分析出求职者到底是什么样的性格。

◆ 从求职者着装看性格

衣着打扮通常是人物性格的具象化，喜欢淡色衣服的人性格外向，活泼健谈；喜欢深色衣服的人性格稳重，深谋远虑，捉摸不透。衣着华丽的人表现欲强；衣着朴素的人勤恳好学。喜欢短袖的人性格随和，自主意识强；喜欢长袖的人循规蹈矩，适应能力强等。从衣着打扮来看个人性格是最直观的方法。

◆ 从言行举止看性格

观察言行举止也是分析性格的好方法。说话表情丰富的人开朗大方；说话客气的人处世严苛；语速快的人有领导潜力；说话不注视对方的人胆小且没有主见；说话时有小动作的人性格急躁但想象力丰富；喜欢抖腿的人情绪内敛，毅力不够强；肢体语言丰富的人性格爽朗，精力旺盛等。越是细微的小习惯越能彰显出个人性格。

◆ 从字迹看性格

老话说“字如其人”也是很有道理的。字体垂直的人责任感强；字体右倾的人思想积极开放；字体左倾的人小心谨慎。字小的人谦虚耐心；字大的人行动果断。字体方正的为人正直，字体圆润的通情达理。字长的人自信且有行动力，字扁的人顽强且有毅力等。

◆ 设计面试小意外看性格

设计面试小意外也是常用的了解性格的方法。老板办公室门口倒了的垃圾桶要怎么处理。正在回答面试问题时，面试官的资料突然很大声地掉到地上打断了回答怎么办。面试过程中突然有人走错办公室怎么办。通过求职者解决这些问题的方式就可以分析出对方的性格适不适合这个工作了。

◆ 通过测试题看性格

如今很多企业常用的一种分析性格的方式就是直接做测试题，不但省事还非常准确。比如色彩心理学对分析求职者是否适合该职位就有很大帮助。红色性格是天生的演说家，交际能力很强但缺乏自控力，情绪波动大。黄色性格是天生的领导者，有很强的责任感但傲慢自大，经常发怒。绿色性格协调人际关系的能力很强，能巧妙地化解冲突但常常不思进取，逃避问题。蓝色性格是完美主义者，尽忠职守，追求极致并且高度自律，但又消极悲观、不信任他人等。现成的性格测试题能高效快捷地了解求职者的性格，是不错的选择。

1.2.4 面试题，不要让求职者难以回答

面试题的设置是一个很微妙的事情，题太简单，挑选不出有能力的人，题太难，求职者回答不上来。因此，把握好面试题的难度也是一门学问，这与面试官的职业素养息息相关。面试题一般分为基础信息问题、挑战型问题、陷阱型问题和过往经历型问题等类型。下面将逐一分析这几类问题。

基础信息问题。是指自我介绍以及对求职者家庭状况的询问，旨在了解求职者的个人经历是否适合该职位，家庭状况是否能让求职者将重心放在工作上，同时也能测试对方的逻辑思维和语言组织能力，是最普遍的问题，也谈不上有难度。

挑战型问题。这类问题是通过提出对求职者的质疑来测试对方的情商。比如认为对方年龄不适合应聘职位，或者认为对方工作经历太短不适合应聘职位，或者是直接问对方的缺点以及认为这份工作的难点在哪里，要怎样克服等。这类问题难度适中，也比较开放，回答起来也会比较流畅。

陷阱型问题。这类问题一般是假设一个情境，或者一个项目，让求职者来解决问题或者开展项目，以测试对方的工作能力和应变能力。该类问题一般与专业技能相关，每个职位都不一样，因此问题的设定不能千篇一律，要根据工作内容进行假设。陷阱型问题是跟工作密切相关的，难度不大，但最能看出求职者的专业能力。

过往经历型问题。这类问题是对求职者过往工作离职原因之类的敏感问题提出疑问，以了解对方对工作的态度以及在岗稳定性。这类问题对于跳槽或转行的求职者都有必要询问，是没有难度的问题，但可能会涉及求职者的诚信问题，因此，需要面试官自行判断。

1.2.5 不但要"接"好，还要"送"好

前面我们讲过了面试接待的礼仪，除了要重视接待，送走求职者的礼仪也很重要，切忌给对方留下一个"虎头蛇尾"的印象，否则前面树立起来的企业良好形象都将付之东流了。

针对有多个求职者的面试情况，一般不会直接给出录用结果，因为不确定到底会录用哪一个求职者，即使有明确的备选人，也要客气地给出统一的答复，例如："经过面试，我们认为你的能力跟我们这个职位比较匹配，但是出于对这个职位的谨慎考虑，我们还需要将你和其他面试者的情况进行综合评估，录用结果我们会尽快通知你的。"这样大方得体的答复能引起求职者对职位的重视。

面试结束离开时，与面试者握手道别会让面试者减少压力，甚至还有面试官在面试者离开办公室，送面试者到前台或电梯口，致谢后再离开。

结束所有面试以后，面试官应该组织相关部门的主管来决定求职者的去留问题，这个过程最好在两天之内完成，要在不影响各部门正常运转的情况下，尽快给求职者答复，避免人才流失。通知录用结果时，不仅要通知录用的人，没有录用的人最好也要通知到，告知其虽然没有被录用，但是公司将其信息记录在人才库，如有特殊情况，公司将主动联系对方。这样既显得尊重对方，也不至于打击对方。

如果在面临大量的面试者的情况下，逐个通知没有被录用的面试者会增加很大的工作量，因此建议 HR 在面试结束时主动留电话给面试者，并告知对方，如果 3 天之内没有收到面试结果，就主动打电话过来询问。在落选的面试者打电话过来询问时，可以耐心地告诉对方面试时的不足之处，建议其如何改进，这样既尊重面试者，又不至于

给自己增加太大的工作量。

1.2.6 应聘者不满意，问题出在哪儿呢

面试流程走下来，前前后后花了不少人力物力还有时间，本以为所有应聘者都有一个好的面试体验，结果不仅落选的求职者不满，录用的应聘者也没有入职，那么，应聘者不满意，问题出在哪儿呢？

（1）称呼不礼貌

称呼反映了对对方的尊敬程度，称呼不得体，很容易让人不满，因此称呼是一开始就要注重的地方，对应聘者也是一样，有的人对称呼这件事十分敏感。

小陈是一家中型企业的销售员，因为自己的孩子快要上小学了，所以想换一个时间灵活的工作，方便照顾孩子。这天，小陈收到通知去一家公司面试，刚到前台，前台的接待就热情地问："美女，有什么可以帮助你的吗？"小陈听到这个称呼心里就感觉不太舒服，在严肃的工作场合用这样的称谓，估计这个公司也不怎么严谨吧！

思考片刻后，小陈心想来都来了还是应该参加一下面试，于是就耐心地面试了。没想到小陈发挥得特别好，面试官当场就决定录用小陈，可是小陈却因为前台的称呼拒绝了公司，公司就这样失去了一个人才。

（2）态度不礼貌

面试时面试官的态度也是应聘者能够直观感受到的，过于卑微会在薪酬谈判环节让应聘者有自信漫天要价 ，但是高高在上的面试态度也会让面试者反感。无论对方能力如何，面试官都应该以礼相待。

小赵作为一个应届毕业生，在投递了很多简历之后终于收到了面试通知。小赵按照约定的时间来到公司，前台得知小赵面试的职位是设计部实习生之后，态度就开始变化了，拿了张申请表给她填，接着就坐下玩手机了，也不安排小赵坐着，小赵环视了一下四周也没地方可坐，于是将就着趴在前台填好了表格。

填好表格之后，前台将她带去了人事部，人事经理看她是应届毕业生便百般刁难，并且在面试途中还出去接了3次电话，加起来都快半个小时了，其中有一次明显不是工作电话。面试结束后，人事经理让她回去等通知，小赵便非常生气地离开了。不久后小赵去另一家公司面试，这家公司里的人都平易近人没有架子，很耐心地面试她。后来，小赵同时收到两家公司的录用通知，小赵果断地选择了第二家公司。

（3）提出的问题不礼貌

很多面试官喜欢刁难应聘者，有的甚至毫无顾忌地询问应聘者的隐私，这是非常不礼貌的，显得很没有职业素养，甚至有的人会认为这是道德品质有问题。所以，面试时不但要注意言辞，提出的问题本身也要合理，不能冒犯应聘者。

小王毕业好几个月了，因为一直没有找到工作，所以跟几个同学约好去招聘会看看。招聘会上人头攒动，大家只好分头行动。

小王挤进了最近的一家，看过小王的简历以后，HR并没有问小王专业相关的问题，而是问起了小王父母是做什么工作的，有没有回老家工作的打算。小王说父亲是开汽修厂的，母亲是老师，目前没有回老家工作的打算。见小王老实回答了前面的问题，HR便更肆无忌惮地打听起了小王的女朋友是不是本地的。小王意识到这是隐私问题，就拒绝回答了，见此状况，HR便改口问小王为什么不回家里的汽修厂工作，小王被问得很不愉快，起身就要走。HR叫住他，解释到这只是想了解一下小王的基本情况，小王说这已经超出了基本情况的范围了，并且这与工作毫无关系，拿回了简历就离开了。

之后，小王找到刚才分开的几个同学，大家一聊，结果都遇到了询问隐私的HR，于是大家合计了一下，决定还是找有礼貌的、口碑好的公司再试试。

以上案例都是因为不礼貌对待应聘者而导致应聘者不满的案例，足以见得，面试时礼貌待人何其重要。作为企业形象的代表，面试官的职业素养就是企业文化的缩影，因此，面试官更应该规范一举一动，不用错任何一个庸才，也不错失任何一个人才。

CHAPTER 02

仪容仪表仪态，塑造职业化形象

仪容、仪表和仪态能最直观地展示我们的精神面貌，在职场中，第一印象不是工作能力，而是我们展示出来的外在形象，并且大众往往认为拥有良好职业形象的职员的工作能力也更强。因此，在塑造职业化形象时一定要慎重，应严格按照职场礼仪来规范自己的仪容仪表仪态。

2.1

仪容礼仪展现职业修养

职业修养是人的内在修养，然而一旦身在职场，职业修养就会具象地转化为工作时的仪容仪表以及仪态，一举一动，一言一行，乃至穿着打扮都是职业修养的体现。因此，提升职业修养就要从仪容礼仪着手。

提升职业修养对个人而言也可以提高个人素质，丰富自己的内涵，是增添自信的手段。对企业来讲，不仅可以提高员工的士气，更塑造公司的良好形象。总之，身处现代社会，职业修养是非常重要的。

2.1.1 仪容要从“头”开始

早在几千年前孔子对“饰”就已经有了很深刻的认识，他曾说过：“见人不可不饰，不饰无貌，无貌不敬，不敬无礼，无礼不立。”那么，我们要从何而“饰”呢？当然是从“头”开始了。

在职场中，对发型的要求不是越出众越好，而是干净整洁，干练大方。由于性别的差异，对男性和女性的要求也是有所区别的。

（1）男性篇

对大多数男性来说，因为害怕麻烦，所以对发型并不太在意，但其实职场对男性在发型方面的要求很简单。

首先，要做到勤洗头，避免头屑，保持清爽无异味。其次，要注意及时修剪，前发不遮住额头，两边的头发不掩住耳朵，后面长度不能到领口，整体也不能太短，光头也不符合职场礼仪。职场男性切记不要染发，会给人不可靠的印象。

（2）女性篇

日常生活和工作中，女性在发型方面应该都比较讲究，一旦在职场中就不能太张扬了，要以简洁为主，给人亲切干练的感觉。

女性在头发的清洗上根据自身状况可灵活控制时间，日常的养护也是有必要的。在头发梳理上也不能马虎，不过不能在人前梳理头发，特别是不要在异性面前梳理头发，会显得轻浮。长发的女性最好将头发扎成马尾，短发也最好适合自己的脸型，如果是及肩的短发，最好也将头发扎起来，这样会显得人很精神。职场女性发色不能太鲜艳，推荐染比较深的发色，既能彰显个性又不失庄重。

有很多企业对于发型的要求可能不太严格，但是作为个人也应该认真整理头发，保持基本的干净整洁和清爽，再选择一个适合自己脸型的干练的样式，工作中是能够在精神面貌方面为自己加分的。

2.1.2 繁忙工作的美丽宝典

在工作中保持良好的仪容应该是所有人都明白的事，但是在繁忙的工作中始终保持良好的精神面貌的宝典到底是什么呢？那就是干净整洁。

职场人士在长时间烦琐的工作后，快速地将自己整理得干净整洁，既能消除疲惫感，又能看上去不那么狼狈，给人以精干的感觉。

小张是刚从后勤部转到项目部的一个普通职员，因为长期在后勤部那样清闲的行政部门工作，小张很不适应项目部繁忙的工作，经常加班到很晚。

刚好这个月项目部又要竞标一个很重要的项目，需要在一星期之内赶出标书参加竞标。项目部上上下下为了这个标书都忙得不可开交，刚转来的小张更是加了好几天的班。眼看着明天就要参加竞标了，小张不得不留下来通宵工作。经过一夜的加班，终于赶好了标书。

因为项目部的同事突然有事，经理就让小张带着标书去竞标的B公司。小张赶到B公司，前台用异样的眼光看着小张，反复确认身份才让小张进去，小张见到经理，经理不满地问他怎么蓬头垢面就来了，还引得旁边竞争对手的嘲笑。小张这才去洗手间整理，镜子里的小张一脸胡茬，衬衫有一边袖子卷着，领带上还沾着咖啡渍，头发也乱蓬蓬的，怪不得前台会眼神异样地看着他。

后来，好在项目部的标书做得很出色，小张他们公司赢得了竞标，经理说好在是拿到了项目，要是因为小张刚才狼狈的样子失去了这个重要的项目，后果可能不堪设想。

由此可见，无论工作多么繁忙，无论是普通小职员还是大老板，都有必要随时保持干净整洁的仪容，这是对他人的尊重，也是对公司形象负责，是职业修养的体现。

2.1.3 职场女士妆容，10分钟就能搞定

对于职场女性来说，端庄得体的职业妆容既是职业修养的体现，也是对他人的尊重。无论是初入职场的小白，还是效率惊人的工作狂，又或者是能力超强的女强人，无论身处什么职位，都应该学会简单快速的通勤妆，保证自己在工作中有一个良好的精神面貌。

作为最快速，最基础的通勤妆，要在视觉上给人稳重大方、精明干练的职业形象，因此，通勤妆一定要以淡雅自然为主，旨在提升气色，扬长避短。不要选择太鲜艳的颜色，化妆手法也不能夸张，眼妆要贴近自身，腮红、口红等颜色也要自然。化通勤妆主要分为以下 7 个步骤。

①用接近自己肤色的粉底液均匀涂抹在脸上，起打底的作用。

②选择眼线笔或眼线液，将眼线由内向外一气呵成，使眼睛更有神。

③选用淡雅色系的眼影，由深而浅画出层次，让面部更具立体感。

④用眉笔或眉粉画出适合个人脸形的眉形，增强面部层次。

⑤选择适合个人肤色的腮红，根据脸形自然晕染，以提升气色。

⑥选择接近自己唇色的唇膏，由上到下描绘，让人更精神。

⑦用粉扑蘸取适量定妆粉，均匀扑在面部，以保持妆容持久。

虽然化妆时也有定妆的步骤，但是经过长时间的工作，精心化好的妆难免会花，因此，整理妆容也是一门学问。要避免当众整理妆容，也不要在异性面前整理妆容，作为职场女性，最好不要使用香味浓郁的化妆品，要随时留意妆容是否完整，及时补妆，更不要随意评论他人的妆容。

2.1.4 8 个步骤打造简单裸妆

无论在生活中还是职场中，裸妆都是很常见的妆容，给人以自然和亲切的感觉，裸妆能帮助职场女性在忙碌的工作中快速恢复良好的仪容，维持职场形象。因此，职场女性很有必要掌握化裸妆的技巧。

- **第 1 步**：在日常的护肤保湿做好以后就可以开始上妆了，首先要用清爽型的 BB 霜均匀涂抹于整个面部，脖子部分也要适当涂抹。

◆ **第2步**：用粉扑蘸取干粉按压整个面部，遮盖面部的油光，使妆容更接近肌肤质感，更自然。

◆ **第3步**：选择大号的腮红刷蘸取稍浅的腮红，自然微笑，确定颧骨位置，将腮红扫在颧骨上。

◆ **第4步**：用手指蘸取浅色眼影均匀涂于眼窝，用稍深的自然色系加深上眼皮的区域和眼尾。

◆ **第5步**：用眼线液画出上眼线，最好从距内眼角1/3的位置开始画，眼尾不要太长，一气呵成，不要断断续续。

◆ **第6步**：用眼线笔在眼头、眼中和眼尾部位分别画出淡淡的眼线，再用刚才加深眼影的颜色画出晕染效果。

◆ **第7步**：先夹翘睫毛，再用睫毛膏从睫毛根部用画Z字的方法来回刷，下睫毛也要刷到，但不宜刷太多。

◆ **第8步**：先用润唇膏滋润嘴唇，再选择粉色系的唇彩或唇釉适量涂在嘴唇上，擦去多余的部分，整个裸妆就完成了。

裸妆切记要选择自然色系的化妆品，贴近皮肤本身的颜色，这样才能称为裸妆。虽然裸妆的目的是呈现出气色很好的素颜感，但是也不能省略某个上妆步骤，或者跳过某个细节，这样会使妆容看起来不完整，反而“事倍功半”，降低妆容的美观度。

2.1.5 禁忌妆容，你踩地雷了吗

在日常工作中还可能涉及其他特殊场合，不能在任何场合都化固定的职业淡妆，也不能为了引起他人的注意而不顾场合地化夸张的妆容。在不同的场合要考虑当时的氛围，化符合氛围的妆容，以免显得突兀，引起他人反感。

小林刚刚入职成为C公司的总经理秘书，虽然以前没有从事过秘

书的工作，但是小林入职以来工作得还挺顺利的。几乎没有出现过差错。

有一天，经理安排小林跟他一起参加 D 公司隔天的商务洽谈，因为之前没有参加过这么正式的商务洽谈，小林便向同事打听需要注意些什么。同事告诉她，穿着要正式，说话要礼貌，要随时察言观色，带好谈判需要的资料，行为也要端庄大方，化的妆最好也要比平时正式。小林记下了同事的建议，回家后也照着准备了。

到了洽谈当天，小林准备得很充分，穿着正式，一言一行都大方得体，唯独是小林的妆容出了问题，小林错以为同事所说的妆容正式是隆重的意思，于是化了不合时宜的大浓妆，大红色的口红与当天的氛围显得格格不入，待谈判结束 D 公司准备宴请经理时，对方的负责人还打趣小林说："看来贵公司早就知道谈判结果了，连秘书都提前做好准备了。"

职场中的特殊场合很多，例如年会活动，这时候的妆容就需要贴近活动热烈的气氛，可以适当地化浓艳一点的妆容。而商业会谈的场合就需要化符合个人身份的正式妆容。至于服务接待场合，就需要与他人统一妆容以显严谨。

虽然不合时宜的妆容可能并不会带来什么实质性的损失，但会让自己陷入尴尬的境地，会被他人质疑你的职业修养和品味。所以身在职场一定要了解妆容禁忌，时刻维护好自己的职业形象。

职场加油站

不常化妆的人对正式妆容可能不太了解，这里介绍一些正式妆容的要点。在眼影选择困难时，选带灰调眼影或大地色最安全。看起来不自然的地方就做好过渡和晕染。如果容易晕妆的话就尽量不要画内眼线和下睫毛。化唇妆最好选择哑光丝绒以及奶油质地的口红。如果有戴美瞳的习惯，化正式妆容时不要带颜色奇怪的美瞳。要牢记和谐统一与自然是正式妆容的核心。

2.2 职场着装是一门艺术

作为职场精英，如何通过着装展现自己的内在涵养及专业素质是一门必修课，许多职场人士都因为不会穿着而烦恼。通过颜色、材质、鞋袜和手表饰品的搭配，穿出一身合适的职业装能展现个人品味。接下来为大家分享一些职场着装的窍门，轻松穿出好气质，提升个人素养。

2.2.1 职场着装的 TPO 原则

职场人士的着装不需要过分夸张隆重，适宜为好。着装要与时间、季节相符合，也要注意地点与场合，不能与环境格格不入，显得突兀。在职场中，有一项关于着装的通则——TPO 原则，T、P、O 这 3 个字母，分别是"Time"、"Place"和"Occasion"这 3 个英文单词的缩写，即要求人们在选择服装时，应当兼顾时间、地点和场合。

◆ 时间原则

职业人士可根据季节变化来选择应季的服装。四季之中春秋两季的服装选择要求相对宽松一些，男士选择一般的职业套装即可，女士可选择裤装或裙装。服装颜色要偏浅一点，棕色、浅灰色都可以。

考虑到气温较高，夏季服装以凉爽、轻柔和舒适为主，颜色最好清新、淡雅。男士上衣以衬衫（长 / 短袖）为主，裤装要以长裤为主，可适当选择通风透气的材料。女士可选择套裙装，但一定要有衬裙，还要避免过于花哨、夸张的款式。

冬季服装既要保暖，又要避免臃肿。可在职业套装外加件深色大衣，女士还可用“黑色高领毛衣 + 裙装 / 或裤装”的经典搭配显示时尚感。服装颜色最好选择深色系，如咖啡色、藏青色或深褐色等。

◆ 地点原则

在职场中，大家要随着地点的改变对自己的衣着进行相应的调整。如果在自己家里接待客人，可以穿着舒适而整洁的休闲服；如果是去公司或单位拜访，穿职业套装就更显专业；出差时要顾及当地的传统和风俗习惯，不要冒犯到当地人。

◆ 场合原则

职业人士出入不同的场合要着不同的服装。

①在商务办公的环境中穿着应正式庄重，适合穿制服、套装或套裙，展现专业的精神面貌。男士穿西装一定要系领带，西装应熨平整，裤子应熨出裤线，衣领袖口应整洁，皮鞋应干净。女士最好不要赤脚穿凉鞋，如果穿了长筒袜，袜口不能露在衣裙外等。

②聚餐休闲时以穿着舒适为主，如在娱乐、聚餐时可穿着T恤或衬衫等轻便的衣着，切记不要穿得隆重严肃，给人搞不清状况的感觉。如果大家都穿便装，你却穿礼服或呆板的西装就有点格格不入。

③在参加宴会时，需要时刻注意礼节，应选择时尚、大方的服饰，男士应着西装，但不要选择太过严肃的样式。女士可选择中国的传统旗袍、简单大方的长裙或庄重的小礼服。

2.2.2 男士正装穿搭，合身才是“王牌”

许多男士在选择职业套装时往往凭感觉购买，差不多合适就行了，但上身以后总觉得别扭，从外观上看也不是那么平整合身。这样就会适得其反，本来你想给人专业的感觉，结果却让人觉得你四六不靠。所以一定要根据自身的尺寸挑选最合适的西装。

首先要考虑肩宽和胸腰围的合体度，这几个位置要不紧绷也不过分松弛，门襟扣子系上后能有纵向 3 指以上的缝隙即可。

其次，上装下摆应过臀部，标准的尺寸是从脖子到地面长度的 1/2；衬衫领口略高于西装领口；裤长不露袜子，以到鞋跟处为准；裤腰前低后高，裤型可根据潮流选择，裤边不能卷边。那么一套合身的西装应该是怎样的呢？下面通过图 2-1 来展示。

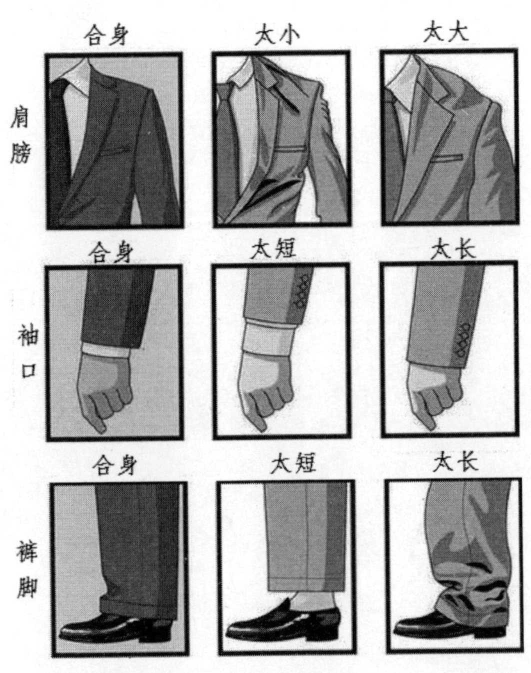

图 2-1

切记不要在西装里穿毛衣或短袖衬衫，否则会破坏西装的版型。除了尺寸合身以外，西装的整体感也非常重要。根据男士体型及肤色的不同，可选择适合自身的西装，使人和衣服整体协调，如表 2-1 所示。

表 2-1 根据体型和肤色选择不同的着装

分类	体型和肤色	适宜的着装
体型	肥胖型	宜穿深色，忌用浅色及明显的条纹或格纹面料
	瘦削型	宜穿淡色及暖色调，忌用高明度暖色
	肩窄型	上装宜浅色衬衫增加宽度感，下装深色衬托肩部厚实
	腿短臀大型	衬衫宜选用比下装色彩明亮的面料，下装宜选择深色
肤色	肤色偏黄	少选黄色、绿色或灰色系衬衫，宜选深蓝色、深灰以及中性色等色系衬衫或外套
	肤色较暗	可选浅色系、中性色系的衬衫或外套
	肤色较黑	颜色勿过深或过浅，宜选用与肤色对比不明显的冷色系衬衫，忌用色泽明亮的黄橙色或色调极暗的褐色、黑紫色系衬衫

2.2.3 女性职业装演绎干练人生

和男性相比，女性的职业装既要端庄，又不能太古板；既要成熟，又不能太性感。需要注意的是，一定不能选择低、露、紧、透的服装，规范穿着职业服装的要求，如图 2-2 所示。

整齐

服装必须合身，不挽袖、不卷裤、不漏扣以及不掉扣，袖长至手腕，裤长至脚面，裙长过膝盖，内衣不能外露；衬衫的领围以插入一指大小为宜，裤裙的腰围以插入五指为宜；领带、领结、飘带与衬衫领口的吻合要紧凑且不系歪。如果有工号牌或标志牌，要佩戴在左胸正上方，有的岗位还要戴好帽子与手套。

清洁

衣裤无污垢、无油渍、无异味，领口与袖口处尤其要保持干净。

挺括

衣裤不起皱，穿前要熨平，穿后要挂好，做到上衣平整、裤线笔挺。

大方

款式简练、高雅，线条自然流畅，便于岗位接待服务。

图 2-2

除了上图中所示的要求外，女性职业装的色彩应当以冷色调为主，借以体现出着装者的典雅、端庄。为了与时代接轨，也可保持一些“流行色”，使传统与现代完美结合，那么女性职业装色彩该如何搭配呢?

①基础色彩是黑白两色，搭配一些含灰量较多的色彩比较适合，另外点缀些小面积的艳丽色彩。

②作为内装的搭配建议以素雅色彩为主。中灰色是最好的基础配色，不过搭配的色彩不能有“怯”的感觉，切忌全是灰色或米白色，给人温和多过干练的感觉。

③白衬衫可以说是职业装的最佳搭档，十分百搭，还可利用不同色系的腰带或丝巾，使平淡的着装增添青春靓丽感。

现代女性的职业装中，套裙是最受欢迎的，它包括一件女式西装上衣，一条半截式的短裙。选择一身符合要求的套裙，需要注意以下几点。

◆ 款式

一套在正式场合穿着的套裙，面料应不起皱、不粘毛且不起球，平整贴身。上衣、裙子和背心最好是用同一质地、同一色彩的素色面料。套裙一般要求上衣不宜过长，最短可以齐腰。下裙不宜过短，要到膝或者过膝，而下裙最长不要超过小腿的中部，下摆恰好抵达着装者小腿最丰满处，是最标准、最理想的裙长。

以宽窄肥瘦而论，套裙的上衣分为紧身式与松身式。紧身式显得较为传统，松身式则更加时髦。上衣的袖长以恰恰盖住着装者的手腕为好，裙子要以窄裙为主。主要有以下4种套裙类型。

“H”型。上衣较为宽松，下裙多是筒式，可为身材肥胖者避短。

“X”型。上衣多为紧身式，裙子都是喇叭式。可以突出着装者腰部的纤细。

“A”型。上衣为紧身式，裙子则为宽松式。这种款式可以适当地遮掩下身的不足，适合上身苗条但臀部大或腿粗的女性。

“Y”型。上衣为松身式，裙子多为紧身式，并以筒式为主。这种款式可以弥补上身的不足，适合上身肥胖而下半身苗条的女士。

◆ 搭配

职业女性的套裙涉及衬衫、衬裙和配饰的搭配，要注意一些穿衣技巧，如衬衫应轻薄柔软，色彩与外套相应，内衣的轮廓不要从外面显露出来。衬裙为白色或肉色。不要将健美裤、九分裤等当成袜子来穿。饰品的搭配可起到画龙点睛的作用，但不懂方法胡乱搭配反而会显得累赘和浮夸。饰品的佩戴搭配应符合以下 4 个原则，如表 2-2 所示。

表 2-2　饰品搭配的原则

搭配原则	具体内容
数量原则	全身上下的饰品数量不能超过 3 件，否则会显得过于凌乱
色彩原则	饰品的佩戴要讲究风格的统一，各种饰品要尽可能做到同质同色，这样才能给人端庄大方的感觉。如果色彩过于丰富，会让人眼花缭乱
身份原则	职场人士所佩戴的首饰要符合自己的职业身份。过于昂贵、耀眼的首饰是不宜出现在商务场合的，因为职场并不是“炫富”的地方
习俗原则	佩戴饰品要与民族信仰、风俗习惯相吻合，更要注意考虑他人对于饰品的禁忌。比如穆斯林民族崇尚绿色，因此他们经常佩戴绿颜色的帽子，而这对于汉族来说却是一个忌讳

在正式场合穿套裙时，上衣的衣扣必须全部系上，不要将其部分或全部解开，更不要当着别人的面随便将上衣脱下。不要将上衣披在身上，或者搭在身上。上衣的领子要完全翻好，口袋的盖子要拉出来盖住衣袋。裙子要穿得端端正正，上下对齐。

2.2.4 基础 OL 风，一点也不沉闷

OL是英文"Office Lady"的缩写，通常指高学历、高收入的职业女性。许多人对职业装的印象都是正式，甚至有点沉闷的感觉，但随着潮流的推进，许多公司对服饰没有非常严格的要求，着装更趋于简约化。OL 服装的风格就是款式简洁，色彩明快，掌握窍门后即可轻松塑造。

◆ 白衬衫

职场上最简单基础的搭配单品大概就是白衬衫了，颜色的选择上以优雅的素色为主，夏季可与阔腿裤搭配，既时髦又彰显气质。

◆ 烟管裤

烟管裤是非常修腿型的一款裤子，可用来搭配衬衫，或者其他简单基础的上衣，再配上高跟鞋或者平底单鞋，就能塑造 OL 风。

◆ 铅笔裙

职场女性夏天不想穿裤子，一条连衣裙也能打造职场风。可选择收腰的小黑裙或是衬衫裙。不过职场裙装首选还是铅笔裙，看起来优雅得体又有魅力。半裙可以增加印花或开衩等元素来体现女人味，但要记得长度不宜过短。如图 2-3 所示为各式各样的 OL 服装。

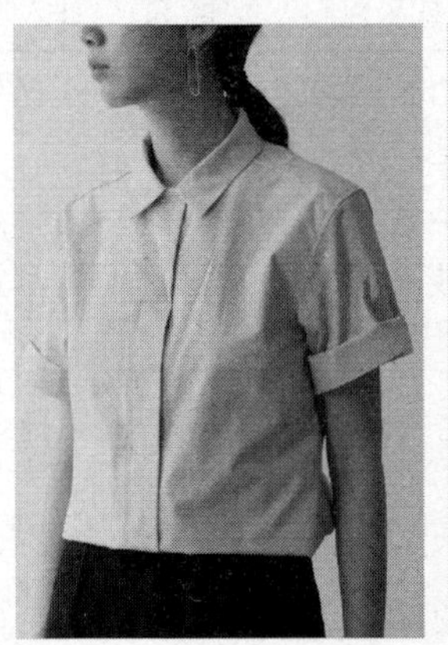  

图 2-3

对于基本款 OL 装，有以下几点需要注意。

①不同的环境、不同的工作岗位对穿搭都有或多或少的区别，需要观察周围的环境，再融入职场氛围。

②基础单品必不可少，如果特色单品非常多，就会发生越买越不知道怎么搭配的状况。

③并非每一件基础单品都要买齐，符合自己的需求即可。

2.2.5 学韩星上班着装，搭出纯粹的时尚

对于不用从事严肃作业的现代职场女性来说，正式的职业装已经不能满足她们的要求了，但职场服装穿搭不能显得过分随意和个性，色彩的选择范围也非常窄，下面给大家介绍几种韩范的时尚搭配。

◆ 西装外套

深色的西装外套穿起来显得干练职业，在面试或一些正式场合都很适合穿。如果工作环境不是太严厉，可穿着淡色或深色条纹的外套，既不呆板，又有时尚感。尽量挑选大 V 领和稍带腰线的外套，能够拉长上半身的线条，可以扣上外套扣子，也可以把外套敞开穿。

◆ T 恤 + 长款半身裙

职场女士的 T 恤不能太过花哨，一件素色 T 恤即可与西裤及半身裙搭配。简约的 T 恤搭配长款的半身裙，复古又高雅，但是在挑选半身裙时要注意不要选择百褶裙这样的款式，避免给人学生气的感觉。

◆ 衬衣 +A 字裙

衬衣搭配 A 字裙更偏向女人味一点，高腰的设计让女性腿部看起来更加修长。可自行选择衬衣的布料和样式，如果常常要去一些正式

场合，可准备一件真丝衬衣，更适合环境要求。

◆ 条纹衬衣＋西装裤

穿衬衣时，纽扣都扣上会有死板的感觉，最好解开领口的一两颗，能有一个V领线条。腿型不太标准的女性，不要选太紧的西装裤，容易暴露自身缺点，要在腿和裤子之间留些缝隙，不只显瘦还会显腿直。

◆ 其他搭配

在选择职场用的包包时，颜色和样式要简单规矩，不过也不必搭配呆板大款的手提包。配饰在衣着上起到画龙点睛的作用，如项链可用来搭配衬衣裙子、修饰脖颈。通用标准是尽量简略，不可多、杂。

职场加油站

现如今，90后逐渐成为职场的主力军，在衣着方面与传统的上班族又有所不同，一般不会选择太成熟或沉闷的职业装。他们首先通过选择款式大方的手表来摆脱学生气，女性更愿意穿平头带跟的单鞋，选择裤子方面，比起西裤更中意9分裤，颜色中性，男女都适用。由于时代因素，90后审美普遍较高，他们的衣着选择是一次时代和职业的融合。

2.2.6 细节决定成败，鞋袜搭配不容忽视

对于职场人士而言，时刻保持个人形象是基本素养，但也难免忽略一些小的细节，比如鞋袜的搭配，如果穿错鞋、配错袜，不仅会毁掉整体形象，而且还有可能闹出笑话。

一般来说，穿正装不适合穿浅色的袜子，尤其是白色，袜子颜色最好要比裤子和鞋子深。根据季节不同，袜子的材质选择也会有不同，比如平时可以选择棉袜，冬天可以选择质地较好且保暖的羊毛袜，女

士夏天可以选择丝袜等。

（1）职场女性

穿职业装时，女性可以不穿袜子，在冬天为了保暖可以穿丝袜，但千万不能有脱丝，另外至少准备一至两双备用袜子放在包中，以便丝袜钩破时可以随时换上，免得尴尬。丝袜的长度应该以坐下来之后不会露出腿为宜。推荐肉色的丝袜，可以搭配任何服装，穿深色套装时也可以搭配黑色丝袜。

鞋子的选择应和整体相协调，在颜色和款式上与服装相配。可选择 5 厘米左右的高跟鞋、淑女鞋，或是设计简洁大方的包头中跟皮鞋，务必要合脚舒服，鞋面要干净。不要穿拖鞋、运动鞋、露脚趾的凉鞋和长而细的高跟鞋。颜色以黑色的最为传统，也最为保险。

（2）职场男士

男士最好穿黑色或棕色的皮鞋，其他材料和颜色都不妥，且要上油擦亮，皮鞋的颜色要与西装相配套。质地要柔软轻便，防止踩踏时响声太大。身材不高的男士可穿内增高鞋，搭配简单规整的样式。千万不要穿压花、拼色、蛇皮、鳄鱼皮和异形皮鞋，或是筒帮过高、皮面爆裂且肮脏的皮鞋。袜子的颜色可以选择与皮鞋同色或接近的颜色，颜色多为黑色、灰色、深蓝色或棕色。袜子的长度不宜过短，应该以跷腿时不露出胫骨为宜，不要在正式场合穿尼龙丝袜。

另外，在西装的鞋袜搭配问题上，还要遵循三色原则，即全身的颜色限制在 3 种颜色之内，包括鞋子、腰带和公文包，这 3 个地方如果是同一个颜色，一般以黑色为主。

2.2.7 手表佩戴礼仪你知道多少

职场人士佩戴手表可谓一物多用，在工作中佩戴可表明自己时间观念强、作风严谨，在社交场合佩戴能展示自己的品位和身份，且能修饰服装。所以不论男女，都会选择一款或几款适合的手表用于工作场合。那么佩戴手表有哪些值得注意的地方呢？

- 最好选择金属材质的手表，切记不要太过闪闪发亮，否则会显得俗气。
- 手表表盘的直径最好不要超过41mm。
- 手表与身上其他配饰（如戒指、项链）要相呼应。
- 参加宴会，女士最好选择细表带的手表，看起来斯文有礼。
- 不要戴运动表，尤其是穿西装的时候。
- 一般手表戴在不经常用的那只手腕，以不阻碍自己的行动为宜。
- 手表不宜戴得太松或太紧，一般贴合在手腕上，有一点点可以转动的余地就行了。

结合自身的需要，根据手表的种类、形状、图案、色彩、功能这5个方面的特质，选择一只合适的手表就显得比较容易了。

种类要符合身份。根据价格不同，手表可分为豪华表（10000元以上）、高档表（2000～10000元）、中档表（500～2000元）、低档表（500元以下）4类。选择手表的具体种类时，首先要量力而行，同时还要顾及个人的职业、露面的场合及交往的对象，下级尽量不要戴比上级高档的表，这样太过高调容易引起别人反感，在职场中是尤为忌讳的。

形状要规则。手表的造型与其身价、档次有关。在正式场合所戴的手表，造型方面应当庄重保守，避免怪异新潮，男士更要注意。一般而言，正圆形、椭圆形、正方形、长方形以及菱形手表，因其造型庄重、保守，适用范围极广，特别适合在正式场合佩戴。

图案要简单。职场中所佩戴的手表一定要注意图案，除了数字、商标、厂名及品牌以外，手表上也就没有必要出现其他多余的图案了，手表上图案稀奇古怪、多种多样，不仅不利于使用，反而有可能招人笑话。

色彩要单一。在正式场合佩戴的手表，其色彩应避免繁杂凌乱，一般宜选择单色手表或双色手表，切忌 3 色或 3 种颜色以上的手表。不论是单色手表还是双色手表，其色彩都要清新、高贵、典雅。金色表、银色表、黑色表，即表盘、表壳、表带均有金色、银色、黑色的手表，是最理想的选择。金色表壳和表带、乳白色表盘的手表，也能经得住时间的考验，在任何年代佩戴都不会落伍。

功能不要过多。记时是手表最主要的功能。因此，正式场合所用的手表，不管是指针式、跳字式还是报时式，都应具有这一功能，并且应当精确到时、分，能精确到秒则更好。有些附加的功能，如温度、湿度、风速、方向、血压和步速等，均可有可无，而且以无为好。总之，手表的功能要少而精，并要有实用价值，可根据自身的职业特点进行选择。

2.2.8 夏天怎么穿，这些衣服要远离

由于夏天天气炎热，所以大家在衣着上都尽量保持凉爽、清新。夏天的衣服种类繁多，但有些衣服在职场中是不能出现的，如果不了解就容易出错，甚至闹出笑话。除了背心、拖鞋、凉鞋这些我们众所周知的不适宜职场穿着的服饰以外，还有哪些服饰是上班族要远离的呢？如图 2-4 所示。

抹胸款式

在办公室内不要穿着抹胸款式的衣服，给人轻浮俗气的感觉。最好披上一件利索的西装外套，气场加分之外，还能防止空调病。

超短热裤

夏天一到，女性就忍不住要大秀美腿，不过在相对严肃的办公室场合，秀腿方式还是以内敛为好，裤装最好选择九分裤。

夹脚拖鞋

职场人士第一大忌讳就是夹脚拖鞋，穿夹脚拖鞋来上班就等于告诉你的老板你是个不正经、懈怠和懒散的人，严重影响你的形象，无论你全身搭配得有多好，一双夹脚拖鞋可以立刻毁掉你的精心装扮。

夏日短裙

夏日短裙在工作场合不是那么受欢迎，其一容易走光，其二工作起来不方便，其三太过吸引目光，这在工作中是很忌讳的，所以还是以长裙子为好。

运动背心

虽然运动背心给人健康活力的感觉，但与办公环境呈现的专业干练格格不入，会给人分不清场合的感觉，运动背心还是在健身房穿吧。

宽檐帽

用于夏日遮阳的宽檐帽，搭配丝带的款式，优雅中透着俏皮，同时透露着一股浓浓的度假风，但这并不是你的上司所希望看到的，上班时间还是收敛一下，等到假日再拿出来。

挂脖上衣

挂脖上衣不仅对于肩部线条有着立竿见影的美化效果，还能最大限度地露出你的美背。可惜的是，这两个最为显著的特点恰恰将它送入了办公室着装的黑名单中。除了过分暴露之外，其不同寻常的穿着方式需要你分散很大一部分注意力在防止走光这件事上，大大地降低了工作效率。

透视材质

炎热的高温天气让人不由自主地想换上材质轻薄的服装，但这些材质的衣服很容易露出内衣。作为职场人士，身处严肃的办公环境，露出内衣可是大忌，十分不雅观。如果一定要在办公场合穿着透视材质，务必使用内搭隐藏内衣。

图 2-4

2.3

举手投足间的行为举止礼仪

一个人的行为举止能反映这个人的教养和内涵，在日常工作或生活中讲究礼仪，规范自己的行为举止，塑造良好的仪态能给人留下深刻的印象。正确的站姿、优雅的坐姿、规范的走姿、恰当的手势和到位的肢体语言，是职场人士不得不了解的一门礼仪学问。

2.3.1 站，站出自信风采

站立是人们日常生活中最基本的举止，优美、挺拔的站姿能显示个人的自信，那么站姿的具体要求有哪些？一般来说，站姿的基本要求是头正、肩平、颈直、双目平视、不弯腰驼背、下颌微收、嘴角微闭、双手垂于大腿两侧。站立时，脚位一般呈 45° ~ 60° 的“V”形。

◆ 男士站姿

身体立直，双脚平行分开，两脚间距离不超过肩宽，一般以 20cm 为宜。双手在前时，双手手指自然并拢，最好是右手搭在左手上，轻贴于腹部；双手在后时，双手在身后交叉，右手搭在左手上，贴于臀部。

◆ 女士站姿

身体立直，两脚尖略分开，右脚在前，将右脚跟靠在左脚脚弓处呈丁字步，或是两脚并排或两脚尖略展开呈“V”字形。双手自然并拢，大拇指交叉，右手握放在左手四指的部位上，轻贴于腹前，身体重心可放在两脚上，也可放在一脚上，并通过重心的移动减轻疲劳。

◆ 禁忌站姿

在了解了男士及女士的站姿后，还有以下几个需要特别注意的站姿问题。

①切忌叉腰、靠墙、抱肩等姿势，切忌东倒西歪，两肩一高一低。

②不要两腿交叉站立，或将身体的重心明显地移到一侧。

③切忌用脚尖或脚跟点地，甚至发出声响。不要将手插在裤袋里面。

④不要下意识地做些小动作，如玩弄衣角、头发或物件等。

2.3.2 坐，坐得优雅得体

在职场工作时，对坐姿的要求是文雅端庄、舒适自然，通过坐姿来展现自己的仪态美，如入座时动作要轻缓，不要发出声音；起身时要稳，不能猛地站起。下面来了解一些坐姿的不同要求。

（1）坐姿的基本要求

在入座时应保持什么样的姿势，如手应该怎么摆放等，有一些具体的要求如下所示。

- 入座后上身自然挺直，双膝并拢，双腿弯曲，双肩平正放松，两臂自然弯曲，双手放在双腿上，手心向下。头正，下颌微收，双目平视，面容平和自然。
- 一般不靠在椅背上或轻靠椅背，坐在椅子大约2/3的位置即可。
- 谈话时可以侧坐，侧坐时上身与腿同在一侧，双膝靠拢。

在了解了一些坐姿的基本要求后，手臂的摆放又应该符合哪些要求呢？首先根据手臂摆放位置的不同，要求也有所不同。

放在大腿上。双手各自放在一条大腿上，也可以双手叠放或相握后放在两条大腿上。侧身和人交谈时，通常要将双手叠放或相握后放在自己所侧向对方的那条大腿上。

放在皮包、文件上。穿短裙的女士，可以把自己随身的皮包或文件放在并拢的大腿上。随后，把双手或扶、或叠、或握放在皮包或文件上面。

放在椅子扶手上。当正身而坐时，要把双手分别放在两侧扶手上；侧身时，把双手叠放或相握后，放在侧身一侧的扶手上。

在就座时，要遵循一些礼节，这样显得人谦虚，主要从如表 2-3 所示的几个方面来注意。

表 2-3　就座时的基本礼仪

基本礼节	具体内容
注意礼让	位尊者先入座，同辈之间同时入座，不可抢先入座。离座时，要让尊者先行，地位身份相仿时，可同时离座
讲究方位	通常都是侧身走向座椅，如方便的话，一般从左侧就座。离开时也从左侧离座，即“左进左出”
入座得法	从容就座，动作要轻稳，尽量不发出任何声音干扰别人，更不可双手拖拉座椅入座
离座谨慎	离座时要向周围的人致意。起座时，不可猛然跳起，也不可弄响座椅。待站好后方可离开，不能边离座边走开或起身就跑
身体的朝向	交谈的时候，为表示重视，不仅应面向对方，同时应将整个上身朝向对方

（2）女士坐姿

关于女士的坐姿有以下 7 种，下面来了解这 7 种坐姿的具体要求。

正坐式。缓步至座前，转身背对座椅，右脚后退一点，并膝，上身前倾坐下。坐下后上身挺直、肩平、双手交叠置腿中且靠近小腹，两膝并拢，两腿脚跟基本并排，两脚尖并拢并略向前伸，小腿垂直地面。

标准式。即在正坐式坐姿的基础上，两脚保持小丁字步，这种姿势适合于各种场合。

双腿内收式。两条大腿首先并拢，双膝可以略微打开，两条小腿可以在稍许分开后向内侧屈回，双脚脚掌着地，适合一般场合。

重叠式。两条腿在大腿部分叠放在一起，位于下方的一条腿垂直于地面，脚掌着地，位于上方的另一条腿的小腿适当向内收，同时脚尖向下。女性着短裙不宜采用这种姿势。

前伸后曲式。大腿并紧后，向前伸出一条腿，并将另一条腿屈后，两脚脚掌着地，双脚前后要保持在一条直线上。

双腿斜放式。双腿并拢，双脚向左或向右侧斜放，使斜放后的腿部与地面呈45°角。此姿势适合穿裙子的女士就座在较低的位置时。

双脚交叉式。双膝并拢，双脚在踝部交叉。交叉后的双脚可内收，也可斜放，不要向前方直伸出去。坐在办公桌后面或汽车上时可采用。

（3）男士坐姿

男士坐姿有以下5种，了解了不同类型的坐姿后，才能根据不同的场合选择合适的坐姿。

正坐式。上身挺直坐正，双腿自然弯曲，保持上身与大腿、大腿与小腿、小腿与脚部都呈直角。双手可置于双膝上或椅子的扶手上。

标准式。即在正坐式的基础上，把两脚自然分开成45°角。

分膝式。在正坐式的基础上，把两膝左右分开，但不可超过肩宽，小腿与地面垂直，两脚脚尖朝向正前方，两手自然放于两大腿之上。

此坐姿适合于一般场合。

重叠式。双腿在大腿处重叠，双手置双腿上或椅子的扶手上。两人并坐时，要把大腿外侧朝向对方。两脚脚尖尽量指向同一个方向，翘起来的脚尖要用力朝向下方，不可指向他人。

交叉式。小腿前伸一脚处，两脚踝交叉。

（4）坐姿禁忌

在了解了坐姿的基本要求及男士、女士的坐姿类型后，关于坐姿的禁忌，我们也要特别注意，主要有以下几条，如表 2-4 所示。

表 2-4　有关坐姿的注意事项

禁忌坐姿	具体内容
“O”形坐姿	这是女士常见的一种有失大雅的坐姿。即两大腿和膝盖并拢，但两脚左右分开，脚尖内扣
“4”字形坐姿	这是男士常见的一种坐姿。即一条腿的脚踝横架在另一条腿的膝盖上，呈“4”字形。这种坐姿给人固执傲慢的感觉
重叠式坐姿	求职面议时，或与领导、长辈谈话时，慎用重叠式的坐姿
腿部动作	不要抖腿，或以脚蹬踏他物、用脚自脱鞋袜、手触摸脚部、以脚勾住桌腿等。腿部的摆放不能过于前伸或后展。不能两膝分开，两脚呈八字形，或两脚尖朝内，脚跟朝外。不要在椅子上前俯后仰，两腿交叠而坐时，悬空的脚尖不能向上或上下摆动
上身向前趴伏	坐后上身趴伏在桌椅上或本人大腿上，只能用于休息，而不要在工作中出现
其他	坐下后不可随意挪动椅子，与人谈话时不要用手支着下巴，不要将双手放于臀部下面。女士尤其应注意，不能露出衬裙，有损美观与风度

2.3.3 走，走出优美动感

行走的姿式是站姿的一种延续，能够体现人的动态美。男士步伐要豪迈稳重，女士步伐要轻盈自如。在公共场合行走时，人与人之间互相成为审美对象，所以更要时刻注意行走的姿势是否自然大方、优雅轻松。接下来看看走姿的具体要求有哪些。

（1）走姿基本要求

行走时上身稍向前倾，两臂自然前后摆动，两手自然弯曲，两臂摇摆 30° ~ 40° 。头正、目视前方、表情自然。挺胸收腹、提腰、上身不动、肩平、勿摆摇。走直线、脚跟先着地，与女士同行时男士步子应与女士保持一致。还有一些要特别注意的方面，如图 2–5 所示。

步位与步度

步位即脚落地时的位置。女士理想的行走路线是一条直线，即两脚内侧要踏在一条直线上。男士行走时，两脚跟可交替进行在两条平行线上，脚步可稍外展。行走时，膝盖内侧和脚踝内侧有摩擦感。步度或步幅即两步之间的距离，以一脚长度为宜。男士走路时步度会大于一脚距离，而女士着裙装时步度一般会小于一脚距离。

行走速度

步速平稳，勿忽快忽慢。一般男士每分钟 108 ~ 110 步，女士每分钟 118 ~ 120 步。

不同着装的规范走姿

着西装时步幅适中，行走时肩、髋部不要左右摆动，手臂放松伸直摆动。女士着长裙时步幅可稍大一些；穿高跟鞋时，直膝立腰，步幅要小，脚跟着地，两脚要落在一条直线上。

图 2–5

（2）走姿的种类

走姿的种类有以下 5 种，分别对应不同的状态，下面来了解具体的内容。

前行式走姿。前进中保持身体挺拔，与人问候时，上身伴随头部同时转动，微笑点头致意。不要只转动头部或用眼睛斜视他人。

后退式走姿。与他人告别时，先向后退两三步，再转身离去。退步时不要轻擦地面，不要高抬小腿，后退的步幅要小些，要先转身后转头。

侧行式走姿。当引导他人前行或在较窄的走廊、楼道与他人相遇时，要采用侧行式，两肩一前一后，不可将后背转向他人。引导时要走在客户的左侧，身体稍向右转，左肩稍前，右肩稍后，身体朝向来宾，保持两三步的距离。介绍环境或指示方向时，要辅以手势。

前行转身式走姿。在前行中需要拐弯时，要以一只脚掌为轴心，转体 90°，同时迈出另一只脚。

后退转身式走姿。后退需要转身时，先退行几步后，以一只脚掌为轴，向另一方向转体 90°，同时迈脚。

（3）禁忌的走姿

在了解了走姿的基本要求和走姿的类型后，有哪些动作是在行走时要避免的呢？主要有以下几条。

- 忌内八字和外八字。
- 忌大甩手、弯腰驼背、歪肩晃膀、扭腰摆臀、左顾右盼，重心后坐或前移。
- 忌双腿过于弯曲，走路不成直线，步子太大或太小。
- 忌速度太快或太慢，与多人走路时勾肩搭背、连蹦带跳、大声喊叫等。
- 忌脚蹭地面、双手插裤袋、双手反背于背后及向前摆动双臂时手向外翘。

2.3.4 蹲，蹲得自然含蓄

蹲姿是一种由站立的姿势转变为两腿弯曲和身体高度下降的姿势，是一种暂时性的体态。当人们需要捡起掉落的东西或是系鞋带时，一般需要蹲下，身为职场人士，在蹲下的时候不能像平常那样随意，要注意礼仪，采取正确的姿势。

（1）蹲姿的基本要求和类型

下蹲拾物时应自然得体，不遮遮掩掩。两腿合力支撑身体，避免滑倒。应使头、胸、膝关节在一个角度上，使蹲姿优美。女士无论采用哪种蹲姿，都要将腿靠紧，臀部向下。有 4 种常见的蹲姿类型，每种类型的要求不同，如表 2-5 所示。

表 2-5　蹲姿的类型及内容

蹲姿类型	具体内容
半蹲式	手拿位置较高物品时，使用此姿势，如手提箱。上身稍许弯下，臀部向下，物品在右，则重心在右，反之重心在左
高低式	下蹲时双脚不在一直线上，一只脚在前，一只脚在后，两腿靠紧向下蹲，在前的脚全着地，小腿基本上垂直于地，在后的脚脚掌着地，脚跟提起。后膝应低于前膝，头和腰应保持成一条直线，臀部向下
交叉式	下蹲时，右脚在前，左脚在后，右小腿垂直于地，全脚着地。左膝从后面伸向右侧，左脚跟抬起，脚掌着地。两腿靠紧支撑全身，臀部向下，上身稍向前倾。在实际生活中常常会用到这种姿势，如集体合影时前排需要蹲下等
半跪式	半跪式蹲姿又称为单跪式蹲姿，是一种非正式蹲姿，多用于下跪时间较长，或为了用力方便之时。特征是双腿一蹲一跪，下蹲之后，一腿单膝着地，臀部坐在脚跟之上，而以其脚尖着地，另外一条腿则应当全脚着地，小腿垂直于地面。双膝应同时向外，双腿应尽力靠拢

（2）注意事项

在了解了蹲姿的基本要求和具体类型后，有哪些动作是需要在蹲下时注意的呢？主要有以下几方面。

①穿低领衣服时，可一手护住胸口，一手拾起地上的物品。

②不管是全蹲或半蹲时，手要尽量贴近腰身，用右手拿起物品时，要走到物品左边，右脚踏出半步后再蹲下身来，这样身体就不会扭转，看起来自然且相当有美感。

③切忌弯腰捡拾物品时，两腿叉开，臀部向后撅起，或是两腿展开平衡下蹲，这样非常不雅。

④下蹲时注意内衣“不可以露，不可以透”。

⑤蹲姿三要点：迅速、美观、大方。

⑥男士蹲下时两腿间可留有适当的缝隙，女士则要两腿并紧，穿旗袍或短裙时需更加留意，以免尴尬。

2.3.5 用手势礼仪，添社交魅力

手势是人体语言中最丰富、最有表现力的体态语言之一。人们借助于各种手势来表达个人的思想和感情。在商务活动中使用手势有助于表达，能够给人肯定、明确的印象，增强感染力，大方得体的手势会给人留下深刻的印象，下面来看看一些规范的手势要求以及一些注意事项。

（1）规范的手势要求

在日常工作中，需要使用手势的时机和场合非常多，在不同的时机要用到的手势不同，而且要求也非常多，下面来具体了解一下。

①站立或行走时，双手通常是自然垂放。自然垂放手势又分两种：一种是屈臂下垂，掌心向内，双手叠放或相握于腹前；一种是双手自然下垂，掌心向内，分别贴放于大腿两侧。

②背手，是双臂交于背后，双手相握。背手式手势给人盛气凌人之感，所以在正式场合，尤其是有领导或尊长在场时应慎用此手势。

③指示方向时应当是手掌自然伸直，掌心向上，这是对客户的一种尊重，不要用食指指着别人，女士五指并拢，男士拇指自然地稍稍分开，手腕和小臂形成一直线，眼神与手势方向一致。

④表示欢迎、祝贺或支持时，可以鼓掌致意。正确的手势是右手掌心向下，以右手四指有节奏地拍击掌心向上的左手手掌部位。必要时，可以起身双手鼓掌致意。鼓掌致意时，应与友好、热情的表情相协调，否则会给人“鼓倒掌”之感。

⑤表扬他人时，可伸出右手，跷起拇指，指尖向上，指腹面向被表扬者。这种手势在不同国家可能含义不同，在涉外交往中要慎用。不要将右手竖起反向指向他人或自指鼻尖，有自大之感。

⑥招呼他人，手放于体侧，手臂伸直在一条直线上，向前、向上抬起，手掌向下，屈伸手指晃动手腕。这种手势在中国、欧洲及拉丁美洲的大部分地区都用于表示招呼他人，但在美国、日本却恰恰相反。

⑦向他人道别时，身体要站直，目光注视对方，手臂向前、向上抬起到与肩同高或略高于肩，手臂基本成一直线，掌心朝向对方，指尖向上，五指并拢，晃动手腕。

（2）社交中常用的几种手势

在社交中有些手势是经常会用到的，比如在迎接别人进门时，为别人引路时，或者递接物品时，由于这些手势比较常用，所以要尤为注意，不能出错。

◆ 请进

请进的手势有以下几种，每种类型的要求都各有不同，如图 2-6 所示。

横摆式手势

这种手势男女均适用。右手伸直并拢，掌心向斜上方，一手下垂或背在体后。然后，以肘关节为轴，右手及小臂从腹前抬起，摆动至身体的右前方，不可摆到体侧或身后。手与前臂成直线，腕低于肘，肘部微屈，且手与地面成 45°，头部和上身微向前倾。

直臂式

多为男士使用此手势。五指伸直并拢，肘部不可弯曲，腕低于肘。开始时，以肩部为轴向体侧摆动，手掌慢慢翻转至掌心向前，手臂与垂直于水平线向上的方向成 45°时停住，手、腕、臂成一条直线。

曲臂式

常用于当一只手扶门把手或电梯门，或一手拿东西，同时又要做出“请”或指示方向时。五指伸直并拢，从身体的一侧前方由下向上抬起，以肘关节为轴，前臂向前抬起至腰部高度，手掌慢慢翻转至掌心斜向上时，手臂接着转向体侧成 45°时停住，掌心向上，手掌与前臂在一直线上。

斜式

此手势多在请人入座时使用，男女适用。手放于体侧，五指伸直并拢，以肘为轴，手掌翻转向上，臂向前抬起到腰部，再以肘关节为轴，前臂由上向下摆动，使手臂向下成一条斜线，掌心向前。

双臂式

此手势用于向众多客户表示“请”或指示方向，男女都适用。两手五指分别伸直并拢，掌心向上，以肘为轴，从腹前抬起至上腹部外，双手一前一后同时向身体一侧摆动，摆至身体的侧前方；肘关节略弯曲。上身稍向前倾，面带微笑，向客人致意。当面对较多宾客时，可双臂同时向身体两侧分别摆到身体的侧前方，即“双臂横摆式”。

图 2-6

◆ 引导

在引导别人往前走时，五指并拢伸直，手臂穿过腰间线，屈肘由身前向前方指起，抬到约与肩同高时，再向要指示的方向伸出前臂，掌心向上，手臂成一条直线。身体微向指示方向倾且侧向宾客。眼睛要看着手指引方向处，同时加上礼貌用语，如“先生，里边请”等。指引方向时，手臂不可马上放下，要保持手势顺势送出几步。

◆ 递接物品

在递接物品时，只要注意几个大的方面就不会出错，下面来看看应该注意的内容。

双手。一般用双手递接物品，不方便时，也可用右手，但不可用左手。手掌向上，五指并拢，用力均匀，要做到轻而稳。

主动。距离过远时，递接物品应起身站立，主动走近对方。

方便。递送物品，最好能递至对方手中。如递送有正反面、文字或图案的物品时，要正面向上且朝向对方。接取物品时，要缓而稳。

尖刃向内。递送比较尖锐的物品时，应使尖锐处朝向自己或他处，不可朝向对方。

（3）手势禁忌

在了解了手势的基本要求及常用姿势后，有哪些动作是使用手势时要注意的呢？主要有以下几点。

①不同国家地区、民族，由于文化习俗不同，手势的含意也有很大差别，甚至同一手势表达的含意也不相同，所以在使用时要格外注意。

②手势不宜过多，动作幅度不宜过大。切忌“指手画脚”和“手

舞足蹈”，这样会给人烦躁不安的感觉，甚至让人产生轻佻的感觉。在与人交谈时，切忌反复摆弄自己的手指，随意打响指、拍桌子等。

③注意手势速度和高度。手势过快，会给人带来紧张感，手势过高，超过了头顶，有失端庄大方的仪态，所以手势最高不能超过耳朵。

④手势一定要做到自然、协调、美观。在工作之中，若是将一只手或双手插放在自己的口袋之中，不论其姿势是否优雅，通常都是不允许的。正确的做法是双臂自然下垂，双手掌心向内轻贴于大腿两侧。

⑤在相互介绍的场合，最忌讳用一个手指头指着人向第三方介绍，用手指直接指向对方就更加不礼貌了。此外，一些人习惯性地用手中正在使用的笔指点对方或做示意，也不符合职场的礼仪规范。

⑥招呼他人应该掌心水平向上，五指并拢，伸直。要记住，掌心向下指示的只能是宠物。

2.3.6 肢体语言，无声胜有声

肢体语言会诚实地反映出一个人对待当下事情的态度，不合时宜的肢体语言可能会导致同事或上司对你的印象减分。为了避免不必要的麻烦，需要了解一些基本的肢体语言在职场中的含义，以便能够调整和规避这些行为，更受同事及上司的青睐，如表2-6所示。

表2-6 肢体语言代表的含义

肢体语言	代表含义
过度向后倚靠	使你看起来很懒惰或自大
身体前倾	听人讲话时身体可以微微前倾，但也不用过于靠近，看起来有挑衅的意味，应该保持更中立的姿势

续表

肢体语言	代表含义
眼神接触时间太短	会使你看起来不自信或过度紧张。应保持稍长时间的眼神接触，特别是在握手的时候
打断别人说话或用手指着对方	会看起来很挑衅
交叉手臂	让你显得自我防御，尤其是在回答问题的时候。尽量保持双臂在身体的两侧
很多小动作	瞬间就能显示你有多么的紧张不安。尽一切所能避免这种情况
把手放在身后（或紧紧地攥在口袋里）	显得人很拘谨，看起来死板僵硬。换一个自然的、双手保持在身体两侧的姿势
向上看或到处张望	这是一个说谎或违心的暗示，尽量保持稳定的眼神交流
目不转睛地瞪着别人	这有可能会解读为有冒犯性的眼神。保持眼神接触和瞪大眼睛的区别只有一线之差
缺少笑容	会让别人感觉不舒服，并且会猜想你是否真的愿意留在这里。尝试给人微笑，特别是在与他人初次见面时
在询问决定的时候身体向后退	传递着惊恐和不确定的信息。最好保持脚踏实地，甚至可以坚定地向前踏一小步
指尖向上或手心朝上	看起来像是一个乞求的姿势，传递着软弱的信息
站着的时候双手放在臀部	这是一个好斗的姿势，要注意避免
查看手机或手表	意味着你对别人的谈话内容不感兴趣，想离开这里

在了解了一些基本的肢体语言后，我们要尽量避免这些行为，其次，在肢体语言方面有哪些注意事项呢？下面来了解一下。

◆ 避免点头频率过高

尽管你是在表示赞同，但频繁地点头会分散别人的注意力。可以和讲话人进行一定的对视，从对方眼神中感受何时停止你的点头。

◆ 不要坐立不安

看表、在椅子上来回动、转手上的笔或伸懒腰等，会向别人传达一种不耐烦的情绪，很不礼貌。所以要尽量避免显得坐立不安。

◆ 不要低头干自己的事

在出席会议时，如果对会议内容不感兴趣，也不要做出这个动作。低头干自己的事情是对讲话人不尊重的表现。

◆ 保持开放的姿态

双手交叉的肢体语言是自我保护或对他人表示质疑的表现。为了维护一个开放的工作环境，让大家能够自由表达观点，可以对自己的肢体语言进行调整，放松肩膀和双臂，保持一个开放不紧张的姿态。

2.4 表情神态彰显职场自信

表情是表现在面部的思想感情，人的表情神态是非常丰富的，一个人的心理、状态及情绪都能从表情中表现出来。在工作和社交中，要从表情神态中表达出亲切友好、自信从容的信息，尤其要注意微笑和眼神。

2.4.1 一个微笑，展现自信从容的魅力

微笑是礼仪的基础和友好的表现，真诚的微笑可以使人产生安全感、亲切感，拉近人与人之间的距离，创造出沟通的良好氛围。不管

是在社交中、面试中，还是在工作中，微笑都能体现出一个人的自信从容。

◆ 微笑的标准

微笑需做到自然得体，切忌夸张，会给人不真实的感觉。国际标准微笑是“三米六 / 八齿”，就是别人在离你 3 米的时就可以看到你绝对标准迷人的微笑。面容祥和，眼睛略眯，嘴角微微上翘，形成自然角度，露出上齿的 6 ～ 8 颗牙齿，注意保持牙齿干净以示尊重。

◆ 微笑的运用

在职场人际关系中，微笑是最简单、最有效的沟通方法。当然，微笑看似简单，但也需要讲究一定的技巧。

①在人际交往与沟通中，要笑得自然，切忌不能为笑而笑、没笑装笑。人对笑容的辨别力非常强，所以，当你微笑时，一定要真诚。展现真诚的微笑的通用法则是微笑“三结合”，如图 2-7 所示。

与眼睛结合

眼睛的笑容有两种：一是“眼型笑”，二是“眼神笑”。微笑的时候，眼睛也要“微笑”，否则，给人的感觉是“皮笑肉不笑”。

与语言结合

要微笑着说“您好”、“谢谢”等礼貌用语，不要光笑不说或光说不笑。

与身体结合

微笑要与正确的身体语言结合，才会相得益彰，给人留下良好的印象。

图 2-7

②要注意把握微笑的程度。虽然微笑可以表达友好，但要恰到好处，比如当对方看向你的时候，你可以直视他并微笑点头。对方发表意见时，一边听一边不时微笑。如果不注意微笑程度，微笑得放肆、过分、没有节制，就会有失身份，引起对方的反感。

③微笑的最佳时间长度以不超过 3 秒钟为宜，时间过长会给人假笑或不礼貌的感觉，时间太短又会显得突兀。露出微笑和结束微笑的过程要自然，不要突然笑又突然停。

④要注意把握微笑的时机和场合。微笑是人际交往中最常用的礼仪，但是在某些场合，微笑却是不合时宜的表情。在严肃庄重、悲痛伤感的场合，或是讨论重大政治问题的场合，都不应该流露出微笑的表情，而应该与周围环境、气氛保持一致。否则会引起周围人的反感和不快，或者引起不必要的误会。

因此，什么时候展现出笑容是至关重要的，不建议时刻微笑。应该在与交流对象目光接触的瞬间展现微笑，表达友好。反之，如果与人对视时面无表情，则会传达出冷漠、厌恶、敌视的意思。如果与对方目光接触的瞬间仍然延续之前的表情，即使是微笑也会让人感觉有些虚伪，是在故作姿态。所以微笑要做到适时、适地。

2.4.2 目光注视的“许可区间”

当我们的目光注视他人时，注视的区间界限不是绝对的，注视不同的位置可以传达不同的信息。对不同的场合、不同的对象，注视的区域也是不同的。有哪些注视区域需要了解呢？如表 2–7 所示。

表 2–7 目光的注视区域

不同类型	具体要求
公务注视区间	是指在进行业务洽谈、商务谈判或布置任务等场合时采用的注视区间，范围一般是以两眼为底线，以前额上部为顶点所连接成的三角区域。由于注视这一部位能造成严肃认真、居高临下的效果，所以常为想处于优势的商人、外交人员所采用，以便掌握谈话的主动权和控制权

续表

不同类型	具体要求
社交注视区间	指人们在普通的社交场合中采用的注视区间，一般为注视对方两眼及其下部至下颌部分这一范围之内。这一范围的注视可以营造一种平等、亲切和轻松的气氛，因此，常被公关人员在茶话会、舞会、酒会、联欢会以及其他一些社交场合使用
亲密注视区间	指具有亲密关系的人在交谈时采用的注视区间。注视范围主要是对方的双眼、嘴部和胸部之间。恋人之间，至爱亲朋之间，注视这些区域能够表达爱意

在职场工作中，还有一些注视的禁区是需要注意的。注视不等于凝视，不能将目光长时间地集中在对方的脸上或身体的某一部位，特别是在初次见面时或异性相处之时。在不太亲密的交往对象之间，长时间地直盯着对方，是一种失礼行为。

同时两眼也不能在某一区域上下翻飞、左顾右盼，否则对方会觉得莫名其妙、不知所措。交谈过程中最好自然稳重地与其对视 1 ~ 3 秒钟，然后再缓缓移开，不要一与他人对视就慌忙移开目光，只会让别人觉得拘谨，影响谈话的正常进行。一般来说，与人交谈时，视线接触对方的时间应占全部谈话时间的 30% ~ 60%，特别是与异性目光相对时，一次最多不能超过 10 秒钟。

当交谈双方处于沉默不语时，应注意把目光及时移开，以免因一时没有话题而令对方感到尴尬或不安。当你被介绍与人认识时，眼睛要看着对方脸部，但不能将对方上下打量。

2.4.3 眼神体现了你的“小心思”

“阅读”眼神可以了解一个人的心理状况，比如双目圆睁表示愤怒，眼神坚定表示无畏坦诚，目光呆滞表示缺乏自信。不同的眼神类型表达不同的含义，如仰视表示思索、俯视表示忧伤、正视表示庄重以及斜视表示蔑视等。下面看看具体的内容。

- **直视型**：直视或长时间的凝视，会使人有压迫感。男性用这种目光看不太熟悉的女性，会使女性感到很不自然，以致产生反感。若女性用这种目光看男性，则有失稳重。
- **游移型**：即与对方谈话时，目光总习惯四处游移，容易给人心神不定、不够坦率和诚实的感觉，不利于双方的交谈。
- **柔视型**：给人一种自信和亲切的感觉，运用这种目光会让人觉得你是一个善于运用目光、容易与人相处且富有修养的人。
- **热情型**：目光充满活力，给人以活泼、开朗的感觉。运用得当，可以使对方提高谈话兴趣，但如果不分对象，不分场合，一味热情相望，也可能产生相反的效果。
- **他视型**：即与对方讲话，眼睛却望着别处，容易使对方产生误解，是不尊重他人的注视形式。
- **斜视型**：即目光不是从眼睛正中而是从眼角视向对方的。这极为失礼，让人感到被轻视、不够尊重和心术不正。
- **无神型**：目光疲软，视线下垂，不时视向自己的鼻尖，这种目光透出冷漠之感，往往会使谈话的内容冷淡。

那么，在不同的场合下，应该如何管理好自己的眼神呢？下面来看看具体内容。

见面时。不论是熟悉的人，还是初次见面的人，不论是偶然见面，还是约定见面，眼睛要睁大，正视对方片刻，面带微笑，显示出喜悦、热情的心情。对初次见面的人，还应头部微微点一点，行注目礼，表示尊敬和礼貌。

在集体场合发言时。开始时，要用目光扫视全场，表示“我要开始了，请注意”。

交谈中。随着话题、内容的变换，做出及时恰当的反应。或惊、或喜、或微笑、或沉思，用目光流露出会意的情绪，使整个交谈融洽、和谐、生动而有趣。

交谈和会见结束时。目光要抬起，表示谈话的结束。道别时，仍用目光注视着对方的眼睛，面部表现出惜别之情。

在掌握并正确运用眼神语言的同时，还应当学会“阅读”对方眼神语言的方法。从对方的眼神变化中，分析他的内心活动和意向。随着交谈内容的变化，眼神和表情和谐统一，表示很感兴趣。对方的眼神长时间地中止接触或游移不定，表示对交谈不感兴趣，交谈应当尽快结束。眼神语言是千变万化的，但都是内心情感的流露，学会阅读并分析眼神，对工作生活有着重要的意义。

CHAPTER

03

沟通交谈，言之有“礼”

在职场中，有礼节地同他人沟通交流，是展现自我魅力和素质的重要方式。无论在面试、社交或是日常交流中，说话的礼节和禁忌是每个职场人士都要了解和注意的。礼貌地交谈，不仅要做到言之有物，还要做到善于倾听，尤其是做好电话的接听。

3.1 与人交谈礼先行

通常对一个人的第一印象是由仪表和初步交谈形成的，无论在职场工作中还是在平常交往中都要做到有礼交流，注意用词、轻言细语，更要做到真诚，让礼仪成为交流的基本习惯。

3.1.1 自我介绍如何“秀”出自己

自我介绍是职场工作的开端，无论是面试、刚入职场或是商务活动，与人交流的第一步就是自我介绍。在面试中，得体大方的自我介绍能在面试一开始就给面试官留下良好的印象，并为接下来的面试做好铺垫，帮助你顺利通过面试。在面试这种容易紧张的环境中，怎样才能从容有余地做好自我介绍呢？

◆ 把握自我介绍的时间

首先要控制自我介绍的时间长度，以简洁为主，不要以为说得越多越有优势，话多不仅显得啰嗦，也会让面试官找不到重点。面试时的自我介绍时间一般为 1 ~ 3 分钟。如何合理地安排这段时间，把该表达的内容有理有节地表达清楚呢？

如果是 3 分钟，常规安排是：第一阶段用于表述个人基本情况，姓名、籍贯、学历和性格等，最好控制在半分钟内；第二阶段重点谈自己的工作经历或社会实践经验，最好控制在两分钟内；第三阶段是聊聊自己的职业理想，半分钟左右就差不多了。

◆ 把握自我介绍内容的重点

求职者在自我介绍时，应该记住“3P原则”：积极（Positive）、个性（Personal）和中肯（Pertinent）。要调适好自己的情绪，积极的态度会给人优秀、上进的感觉。不要因为面试的氛围而改变自己的情绪，出现说话声音越来越小、情绪越来越低的情况。

有些应聘者试图在短时间内讲述自己的全部经历，而有些应聘者则三言两语就完成了自我介绍，这些都是不明智的做法。自我介绍的内容应该有侧重点，选择最能展示自己优点的方面进行详述，其余的都一笔带过。当然，这一切都必须以事实为基础，因为自吹自擂一般很难逃过面试官的眼睛，一旦被发现掺假，就会带来严重的负面影响。

面试和作报告或演讲不同，更像是一般意义上的交谈，所以不能忽略面试官的反应。如果发现面试官有些心不在焉，那很可能是对你正在陈述的事情完全没有兴趣，你得想办法转移话题；如果对方一直在侧着头听你说话，一方面可能是因为他很认真，另一方面也可能是因为你的声音太小了，此时可适当调整说话音量。

此外，在自我介绍结束后不要忘了道声“谢谢”，同时也把提问权还给面试官。这些小细节往往会影响面试官对应聘者的印象。

相比于面试环境，正式进入职场后，工作氛围会轻松许多，也不需要过分展露自己，简单谦虚的自我介绍就足够了。

一些做简单自我介绍很有必要的情况

在商务场合中，遇到下列一些情况时，自我介绍就是很有必要的。

①与不相识者相处一室时；打算融入不相熟的人的交际圈时；他人请求自己作自我介绍时。

②前往陌生单位，进行业务联系时；遇到秘书挡驾或请求转告时。

③利用社交媒介，如电话、传真、电子信函，与对方进行联络时。

根据不同的工作场合，自我介绍的方式也有所不同。

◆ 应酬式的自我介绍

这种自我介绍的方式最简洁，往往只包括姓名即可。如“您好，我叫杰克”。它适合于一般性的工作及社交场合，如邂逅、宴会现场等，主要是为了接触工作交往对象。

◆ 工作式的自我介绍

工作式的自我介绍的内容，包括本人姓名、供职的单位和部门以及担负职务或从事的具体工作等。

姓名。应当一口报出，不可有姓无名，或有名无姓。

单位。供职的单位及部门，具体工作部门有时可以暂不报出。

职务。担任的职务或从事的具体工作，职务较低或者无职务，则可报出目前所从事的具体工作。

◆ 礼仪式的自我介绍

这是一种对交流对象表示友好、敬意的自我介绍。适用于报告、庆典和仪式等正规的场合，内容包括姓名、单位及职务等。比如：“女士们、先生们，大家好！我叫 × ×，是某某公司的部门经理。值此之际，谨代表本公司热烈欢迎各位来宾莅临指导，谢谢大家的支持。”

◆ 问答式的自我介绍

针对对方提出的问题，做出自己的回答。这种方式适用于公务交往。在普遍性交际应酬场合，它也时有出现。举例来说，对方发问：“这位先生贵姓？”回答：“免贵姓张，弓长张。”

3.1.2 介绍他人，遵守“尊者优先”的规则

介绍他人是通过第三者为彼此不相识的双方引见、介绍的一种交

流方式。介绍他人通常是双向的，在工作交往中，遇到下列一些情况时，有必要为他人做介绍。

①本人的接待对象遇见了其不相识者，而对方又跟自己打了招呼。

②在办公地点，接待彼此不相识的客人或来访者。

③打算推荐某人加入某个交际圈。

④受到为他人作介绍的邀请。

⑤陪同上司、长者时，遇见其不相识者，而对方又跟自己打了招呼。

为他人做介绍时要遵守“尊者优先”的原则，即职位、年龄更受尊重的一方有优先了解对方的权力，大概有以下 5 种介绍顺序。

把男士介绍给女士。即把男士引见给女士而不是相反，这是“女士优先”精神的具体体现，只有在女士面对非常尊贵的人物时，才会有例外。

把晚辈介绍给长辈。即优先考虑被介绍人双方的年龄差异，把年龄稍小的介绍给年龄稍大的。

将来访者介绍给主人。它适用于来宾众多的场合，尤其是主人与来访者是初次见面的时候。

把职位低者介绍给职位高者。它适用于比较正式的场合，特别是商务交流时，双方人士都非常多的情况。

把个人介绍给团体。比如新加入一个工作组时，如果一一介绍就会很麻烦，负责人往往会采取这种方式来进行介绍。

除了介绍的顺序外，为他人介绍时还应注意哪些事项呢？

①介绍者为被介绍者介绍之前，一定要征求一下被介绍方的意见，

切勿上去开口就讲，显得很唐突，让被介绍者感到措手不及。

②被介绍者在介绍者询问自己是否有意认识某人时，一般不应拒绝，而应欣然应允。实在不愿意时，则应说明理由。

③在宴会桌上，介绍者和被介绍者都应起立，以示尊重和礼貌。

④介绍完毕后，被介绍认识的双方应依照合乎礼仪的顺序握手，并彼此问候对方。问候语有“你好”“很高兴认识你”“久仰大名”等。

3.1.3 交流谈吐，讲得明了让人听得懂

在日常的交谈中，如何通过语言表达自己的意思，同时传递尊重、友善的信息，构建起良好的沟通氛围，是职场人士需要掌握的一项技巧。首先，要注意 7 个表达的原则，如表 3–1 所示。

表 3-1 7 个交谈表达的原则

表达原则	具体内容
清晰（Clear）	在交谈中，清晰传达出你的信息和目标是第一步。在开口之前要想清楚你要表达的内容，以及与对方沟通的目的，如果连你自己都不确定这些，对方就更难理解你的意思了
谦恭（Courteous）	礼貌谦恭的交谈能展现出友好、真诚的态度，是谈话氛围轻松愉悦的前提
简洁（Concise）	为了更好地表达清楚自己的意思，让别人明白你在说些什么，就需要你除去不必要的信息，不要顾左右而言他，能用两句话说清楚的，就不要长篇累牍说一大堆话
具体（Concrete）	着重描述必要的细节，让对方更能够理解你所表达的内容
准确（Correct）	要让对方准确地理解自己的谈话内容，使用的词汇、语言、语法要精准，不要出现可能造成歧义和偏差的语句
连贯（Coherent）	表达需要具有内在的逻辑性。谈话中的要点都要能够连接起来，服务于你所阐述的主题

续表

表达原则	具体内容
完备 （Complete）	为了让对方记住交谈的内容，不漏掉关键的信息，表述要完整，不要说了一半就结束，给人摸不着头脑的感觉

交谈时，除了要注意表达原则，还要注意说话的语调、内容的得体性以及基本的技巧。

（1）语音语调要轻柔

声音在语言交流中的作用非常重要，通过声音可以传达情感和态度，谈吐礼仪对于讲话时的音调、语气有一定的要求，是需要时时注意的。如表 3–2 所示。

表 3–2　关于交谈声音应注意的几个方面

注意方面	具体内容
普通话的表达	随着经济的发展，人们的交往也更加广泛，身处一个办公室的同事们可能来自五湖四海，为了使交流更加方便顺畅，以普通话代替方言能减少许多麻烦。如今跨地域的经济合作、招商引资等商务活动越来越多，流利准确的普通话是对他人的尊重，是清晰表达的基础保障
音量大小适度	办公交谈时声音不宜过高，让人听清即可，明朗愉快的音量最易让人接受，低沉的音量比高声呐喊更让人感到舒适。当然说话的音量大小随着情绪、场合、氛围在变化，办公室交谈和会议厅讲话，音量肯定是不同的
吐字清晰	讲话时声音要清亮圆润，注意吐字清晰，避免含糊其词。宁可把讲话的速度放慢，也要把话说清楚
语速语调适中	讲话速度要快慢适中，太快了，就像连珠炮似的，不利于对方接收信息；太慢了，容易分散对方的注意力，引起对方的烦躁。讲话时，要根据实际情况的需要调整快慢，应尽可能娓娓道来，给他人留下稳健的印象，也给自己留下思考的余地；语调要柔和，不要让对方感到压迫感和攻击性。同时，要注意讲话时音调的高低起伏、抑扬顿挫，不要过于平铺直叙给人呆板的印象，让人感觉乏味，从而提不起兴趣

（2）谈吐内容要得体

在交谈中使用合适的敬语和文雅的词句，能体现个人的素养，展现谈话的礼仪。

用词文雅。同样的内容，用不同的表达方式能给人不一样的感觉，文雅的表达能让人倍觉舒适。而作为职场人士则要掌握更多的文雅措辞，灵活运用到谈话中，一些常用的措辞如下所示。

与人相见说“您好”；问人姓氏说“贵姓”；仰慕已久说“久仰”。

问人住址说“府上”；长期未见说“久违”；求人帮忙说“劳驾”。

请人协助说“费心”；祝人健康说“保重”；请人接受说“笑纳”。

不说禁忌语。由于场合、时机或对象的不同，对于语言的表达也会有许多禁忌，不说禁忌语是交谈中的最低要求。谈话者要谨言慎行，一般不要提及疾病、死亡等不愉快的话题，如果对方主动谈起，应真诚地表示关心、同情，说些有节制的劝慰语；关于年龄、婚姻、住址、收入、经历和信仰等属于个人隐私的问题，交谈中一般不要询问；不经意间说出对方反感的话时应表示歉意，立即转移话题；交谈时还应注意不直接批评长辈和身份高的人，或是直截了当地拒绝他人等。

（3）礼貌交流的技巧

在职场中，可通过优化语言来提高谈话水平，交流技巧的具体方法因人而异，主要方法有：委婉法、幽默法、模糊法和暗示法。

委婉法。委婉法是一种既温和婉转又能清晰明确地表达信息的谈话方式。通过委婉表达，可减少交谈的尴尬，是一种尊重对方的表达方式。有些话说得直白一点和委婉一点给人的感觉完全不同，比如“如果不行就算了”换作“如果觉得有困难的话，那就不麻烦你了”，前者太直白，后者让人容易接受。

幽默法。提到幽默，大多数人想到的是博人一笑，但在职场交往中幽默是一种智慧的表现，并不仅仅是博人一笑。懂得幽默的人能化解交流过程中出现的不快、尴尬或陌生感。但要记住幽默不是耍宝，切记不要过度。

模糊法。是指运用不确定的语气进行交际的办法，在职场交往中有一些不能直接清楚地说出的谈话内容，可以用模糊性的语言进行交谈，避免让对方难堪。比如左右、多次和马上等都是模糊词，既表达了想表达的内容，也保留了想保留的内容。

暗示法。是通过含蓄、间接的方法对人产生影响，用语言和行为将自己的意思传递给他人，是很有效的一种交流技巧。比如有同事喜欢在办公室哼歌，不用自己开口可以立一块“办公室内禁止哼歌”的标语起到暗示的作用。

3.1.4 文明聆听，做最棒的倾听者

倾听不仅是人们建立和保持关系的一项最基本的沟通技巧，也是一种礼貌，在获取信息的同时向说话者彰显自己的理解与尊重。那么，如何做到有效的倾听呢?

◆ 心胸开阔

与人交谈时要抛弃那些先入为主的观念，否则会导致我们按照自己的主观愿望来听取对方的谈话。这样做的结果就是听到的信息变形地反映到自己的头脑中，导致接受的信息不准确，从而造成选择上的失误。因此，在倾听他人讲话时，我们要心胸开阔，把握对方谈话的重点。

◆ 全神贯注

面带微笑，集中全部注意力。当你认真倾听对方的谈话时，对方会觉得自己被尊重、被重视。不要一边听对方说话，一边想自己的问

题，这样很可能遗漏对方说话的重点，在交流时出现接不上话的情况，非常尴尬、失礼。

◆ 适度表达

倾听者的表情反应要与谈话者的神情和语调相协调，比如对方说得幽默时，回应笑声会增添说话人的兴趣。

①倾听的过程中要运用眼神、表情等非语言手段表示自己在认真倾听。尽可能以柔和的目光注视对方，并通过点头、身体前倾等方式及时对对方的谈话做出反应，也可以不时地说“是的”“明白了”“对”等语言来表示自己在认真倾听。

②如果对对方谈到的内容比较感兴趣，可以先点头，然后简单地表明自己的态度，最后再说“请接着说下去”“这件事你觉得怎么样”等，这样会使对方谈兴更浓。

③倾听过程中要注意对方说的内容，最好能够在对方讲完后简单地复述一遍，这样可以让对方感受到你在认真倾听，同时也确保理解了对方所讲的内容。

◆ 约束行为

在倾听的时候尽量克制自己，不要因为对方表达了自己不认同的就急于打断。

①交谈过程中要少讲多听，不随意打断他人的讲话，也不要抢着表达自己的观点。

②倾听时不要挑对方的毛病，不要当场提出自己的批判性意见，更不要与对方争论，尽量避免使用否定别人的回答或评论式的回答，如“不可能”“我不同意”“我认为不该这样”等。

③不要显示出不耐烦的样子，就算谈话内容自己不感兴趣，出于尊重，尽量让对方把话讲完，如果确实需要打断对方讲话时，可用商

量的口气说一声“请允许我打断一下”或“我提个问题好吗？”这样，既可以转移话题又不失礼貌。

3.1.5 微信沟通的一些礼仪

微信作为横跨多个年龄层的主要社交通信工具，因其通用和方便，被越来越多地用在职场中，甚至有的公司用微信群取代了原先的 E-mail 群发和抄送，成为上级布置任务、团队合作、洽谈沟通和结识客户的平台。但同时也出现许多新的交流问题，我们在使用时也要针对这些问题采取相应的处理办法，不要失礼于人。

（1）注意文字的时效局限性

当使用社交软件，无法确认对方是否在线时，出现了紧急的工作情况最好电话沟通，因为微信消息很可能会出现对方不能及时回复的状况，如图 3-1 所示的文字信息只能起到一个沟通的作用，却无法做到及时沟通。

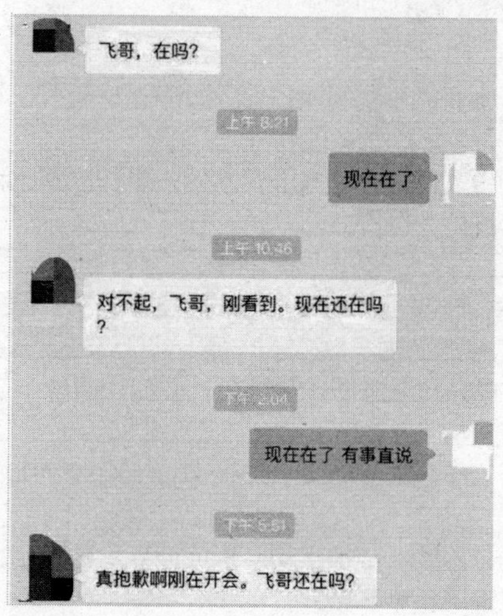

图 3-1

如何清楚地表达自己的意图呢？这里推荐一个模板：“主题→发展→结果→目标”。比如：“小王，今天我们与客户进行了谈判。很多条款都达成了共识，只是价格方面还有待商榷，你明天拿出一份具体的计划书，争取有所突破。”

（2）能打字时不要发语音

在使用微信等社交软件时，发语音是不礼貌的，尤其在工作中，如开会时、办公时收到语音信息是没有办法听的。输入文字可能会用时较长，但对方理解的速度会更快，因为大家都已经熟悉了屏幕的阅读方式。发语音自己会很方便，但会造成对方的麻烦。

语音信息还有一个缺点是无法快速搜索，尤其是在工作群里，很可能被淹没在大量的信息里，不像文字可进行输入检索。另外，还可能因为发出者口音、语调的不同或是录入出现问题导致接收者难以听清或接收信息不完整。

（3）社交软件的通用聊天礼仪

所以在用微信等社交软件时，一些通用的聊天礼仪如图 3-2 所示。

未经允许不要随便拉人进群，或者推荐名片。工作群不比私人群，要事先介绍或询问意见后才能拉人进群。

对话结束时，要回复“收到”或“好”之类的，交代清楚，不要突然消失不回复。

添加好友时，做简单自我介绍（比如姓名、公司和职位），说明来意。

要考虑对方的作息，尽量不要在早上 7:00 前或晚上 22:00 后发信息。

一句话能说清楚的，不要拆成很多句，形成连环“轰炸”。说明一件事时，编辑的文字信息最好不超过 3 条。

图 3-2

3.2 好礼仪让沟通少了许多障碍

在职场交往中，沟通不仅仅是为了交流工作内容，还要向同事、领导或客户表达赞美、欣赏和尊重，时刻与礼仪挂钩。掌握一些说话的技巧或谈话内容的分寸，沟通会更顺畅，更游刃有余。

3.2.1 怎么说，比说什么更重要

交谈方式可能因语音、语调的变化给人不一样的感受，而同样的说话内容用不同的顺序、词语来表达，也会导致不一样的效果。下面来看看遇到一些职场中容易出现的情形，该如何正确地表达呢？

情况：在项目出现问题时，切忌慌忙地跑去汇报或是向上司表现出犹豫、慌张的状态，这样会让上司觉得你既没有工作能力，又缺乏面对问题的稳重。

回答：我马上处理。

情况：遇到项目想要推脱，但不宜直接拒绝时，或是领导提出问题时，这时直接回答“不知道”肯定是不行的。

回答：让我考虑一下，下午给您答复。

情况：因为自身的原因导致工作出现了问题时，这时千万不要推卸责任，一定要承认问题，但要转移注意力，向领导表示自己已经在弥补。

回答：虽然这个项目出现了问题，不过我已经……

情况：当同事间因工作原因意见不一致时，这时坚持己见或是委曲求全都不是很合适，正确的做法应该是适当委婉地转移话题，避免摩擦。

回答：谢谢你的建议，我会认真考虑。

情况：在规定的时间内无法完成任务时，千万不要直接对上司回答“还没做完”，给一个具体的时间期限，让上司了解你做事的决心和态度。不要用好像、大约之类的话去跟上级做交流汇报。

回答：还有一个小时就完成了。

一些职场交流的通用规律如表3–3所示。

表3–3 职场交流的通用规律

通用规律	具体内容
适时沉默	俗话说得好，沉默是金，言多必失。不要让自己永远是一种口若悬河的状态，枪打出头鸟，很容易暴露自己的缺点
用“不对”代替“错”	因为工作原因与同事产生分歧时，即使要否定他人的看法，也别说“这是错的”，这样容易引起他人的反感。用“这个地方稍微有些不太对”，既能表达自己的想法，也能顾及别人的颜面
用“如果”代替“但是”	在表达转折的含义时，最好不用“但是”，可以说：“我觉得这个建议非常好，如果在这个地方稍稍做下修改的话，就更完美了”
规劝他人时先赞美	在规劝他人之前，先提出别人的优点，会让人更容易接受。否则很容易伤到他人的自尊
避免命令的语气	不管是同事还是下属，在要求别人遵照你的意思去做事时，不用过于谦逊，但也要避免发号施令的态度
学会提问	问话，是打开对方话匣子的最好方法，千万别小看提问的作用，不仅能表现出对对方的谈话内容感兴趣，同时告诉对方自己是完全听懂了其话题

3.2.2 礼为先，对方才肯开口说

在工作中讲话时，要注意将讲话的内容与自身所处的环境相协调，切不可说话粗鲁不讲究，这时掌握一些基本的文明用语是很有必要的。如表3–4所示。

表 3-4 常规的文明用语

基本情况	文明用语	基本情况	文明用语
称呼	女士、先生	道歉	失礼了
问人年龄	贵庚	问人姓氏	贵姓
请人原谅	包涵	征求意见	请指教
接受感谢	这是我应该做的	帮助别人	我能帮您做什么
表示礼让	您先请	谦称用自己粗浅的、不成熟的意见，引出别人高明的、成熟的意见	抛砖引玉
表示感谢	给您添麻烦了	带头给下级或晚辈做示范	率先垂范
请人帮助	请多关照	用于对别人称自己的东西	拙著、拙见

谈话时的注意事项如下所示。

- ◆ 不要用手指指着别人说话，显得很不尊重人。
- ◆ 与人说话不要靠太近，说话时嘴不要张得太大，避免唾沫喷溅。
- ◆ 说话时不能跷二郎腿对着别人，这样很不礼貌。
- ◆ 和别人说话时不要摇头晃脑，得意洋洋，让人觉得没有素养。
- ◆ 和别人说话时不要口中嚼口香糖或者一边吃东西一边讲话，这是不文明的说话方式，让人反感和厌恶。

3.2.3 会赞美，是好事但不是易事

真诚的赞美不仅能营造良好的交谈氛围，还能让交谈对象的自尊心、荣誉感得到满足，使人感到愉悦和鼓舞，从而对赞美者产生亲切感，改善交谈者的关系。所以赞美他人是人际交往中不可忽视的一个技巧。

（1）赞美的技巧

赞美他人不是一件容易的事，很多时候还因为赞美方式出现问题起到相反效果。掌握赞美的技巧是职场人士应该学习和不断熟悉的一项工作，那么赞美的技巧有哪些呢？如图 3-3 所示。

有针对性

根据不同的人的具体特点，运用不同的赞美语言，能收到更好的效果。对年轻人，不妨称赞他的创造才能和开拓精神；对经商的人，可称赞他头脑灵活、生财有道；对知识分子，可称赞他知识渊博等。

真实

赞美他人要基于事实，切不可虚夸。只有恰当的赞美，才会使对方开心。不切实际的赞美，不仅不会取得良好的效果，反而会让对方觉得你虚伪，甚至是讥讽对方。比如，一位其貌不扬的女士，你见到她时却说“你真是太美了”，对方会觉得你是在讥讽她的长相，伤害她的自尊心；如果你从她的内在修养出发，夸她有气质等，她肯定会欣然接受，并对你产生良好的印象。

详细具体

赞美他人最好不要说一些假、大、空的话，从具体的细节入手，善于发现对方微小的长处，并不失时机地予以赞美。赞美用语越具体，说明你对对方观察越仔细，对方也会觉得你对他很看重。如果只是含糊其辞地说一些“你是一位卓越的领导”等，不仅达不到赞美的作用，反而会有恭维的嫌疑。

间接赞美

借第三者的话来赞美对方，比直接赞美的效果更好。比如你见到甲，可以说：“前两天我和乙谈起你，他说你的业务能力是一流的。”间接赞美的另一种方式是当事人不在场时进行赞美，这种方式有时比当面赞美所起的作用更大。

鼓励式赞美

最需要赞美的是那些有自卑感或身处逆境的人。他们平时很难听到赞美的话语，一旦被人当众真诚地赞美，对他的作用和影响是非常大的。

新意

不要总是用熟悉的赞美方式，比如夸一位美女“漂亮”，这种赞美的话对方显然听多了，如果加一句“你在工作场合的风采让人印象深刻”，这比夸她的外貌更能得到她的肯定。有时投以赞许的目光也能收到意想不到的效果。

图 3-3

（2）赞美的作用

激发潜能。出于寻求理解、支持与鼓励的需要，爱听赞美是一种正常的心理。得到别人的肯定能使人信心大增，作为上司应多鼓励赞美下属，发掘他的优点，这样可以激发出下属的许多潜能和真、善、美的情感。

化解矛盾。当谈话双方在认识上、立场上有分歧时，适当的赞美不仅能化解矛盾、克服差异，更能促进理解、加速沟通。

表达友好。在初次会面交谈时，赞美能打破陌生感，表达友好的意愿，有利于之后的工作沟通和商务往来。

3.2.4 学会话到嘴边留三分

在职场交流中，掌握说话的分寸是非常重要的，不能想说什么就说什么，不谨言慎行就会不知不觉地触到对方的底线，为双方的交流带来不必要的麻烦。那么，如何才能掌握好说话的分寸呢？

（1）根据场合保留谈话内容

不看场合，随心所欲地想说什么就说什么，这是低情商的一种表现。在不同的场合，面对不同的人、不同的事，从不同的目的出发，就应该用不同的说话方式说不同的话，这样才能收到理想的交谈效果。比如办公室内，一些同事在一起聊天，男同事不顾及女士在场，讲一些难堪的话题，就是非常失礼的。或是一些男士对女士的品貌、身材做出评价，引起别人不快，有时男士说这些话可能是无意识地想到就说，没有冒犯的意思，但造成的影响已经无法弥补了。

（2）特殊情况，谨言慎行

在职场中，有一些特殊情况要时刻保持警惕，不要导致“言多必失”。

①在职场中切忌向同事倒苦水，虽然平日交谈可拉近关系，但“职场无秘密”是一项不变的法则，个人私事不宜带到职场中，工作的烦恼更不能随意议论。

②在不了解对方的名字、职称时，不要轻易开口，更不要凭感觉随意称呼他人，一旦叫错人名会非常尴尬。

③尊重他人隐私，是最基本的人际交往原则。不要一时兴起就随意询问他人的隐私，触及他人的底线，可能会让谈话氛围跌到冰点。

④不要聊有争议的话题。随意将自己的观点暴露是非常不明智的举动，在不是很清楚对方立场的时候，应避免谈论有争议的敏感话题，如宗教、政治和党派等，以免双方陷入僵持的局面。另外，还要注意谈话对象的年龄、身份和背景等。

⑤少谈或不谈别人的健康状况。除了自己的亲朋好友，很多人都不希望他人谈论自己的健康状况。比如那些有严重疾病的人，如癌症、动脉硬化或关节炎等，通常不希望自己成为谈话的焦点。所以要记住不要为了满足自己的好奇心轻易提起这方面的话题。

⑥慎谈东西的价钱。不要询问他人身上的物品价钱，比如：“这双鞋多少钱呀？”很多人不把这个问题当作一回事，觉得没什么大不了，殊不知已经引起对方的不悦了。

3.2.5 掌握火候，避讳内容不谈论

在职场中，有一些话题是绝对不能谈论的，职场人士一定要做到

心中有数，不能张嘴就说，失了礼数。

◆ 宗教信仰

不要跟初次见面或交情不深的人（尤其是客户、外宾）谈论宗教信仰等敏感问题，以免引起不必要的争论和麻烦。

◆ 容易引起不愉快的话题

办公交谈大多涉及工作内容，在休息时间闲谈时也不要提起容易引发不快的话题，比如疾病、灾祸和死亡等，不仅无益于交谈，而且容易触及他人的伤心事。

◆ 八卦

职场中有很多人以传播小道消息为乐，喜欢在背后议论甚至诽谤他人，这些都是非常失礼、极其不受欢迎的表现。特别是职场新人，更要注意这方面的问题，少聊别人的八卦，多咨询工作方面的内容。

◆ 公司机密

由于工作性质的不同，每个人接触的工作内容也不一样，在办公室交谈的时候要注意对自己的工作内容有所隐藏，尤其是面对不同部门的同事时。关于工作中涉及的公司机密要尤为注意，做到守口如瓶，不与他人分享，这是最基本的职场原则，有时无意泄露某一个机密就有可能给公司造成巨大损失。

◆ 政治话题

尽管中国人对政治的热心程度很高，但在办公场合，建议大家最好不要谈论政治问题。政治问题往往是比较敏感的，一旦你说了什么不当的政治言论，很有可能会给自己带来一些负面影响。

◆ 离职想法

当有找寻新工作的想法时，要注意低调，不能告诉他人甚至弄到人尽皆知。这样可能导致在离职前就被“炒鱿鱼”，或是与同事相处时产生一些隔阂和摩擦。

◆ 薪资

在职场中，同事之间相互合作和竞争，轻易谈论薪资问题会被人怀疑别有用心，甚至被误会成攀比，引起不必要的矛盾。

3.3 有效沟通，提升你的谈吐品味

沟通是一个交流双方相互了解对方传递的信息、情感及想法的过程。一个人能够在公众面前进行有效得体的沟通，那他已经成功地迈出了第一步。那么，职场中如何通过谈吐品味来提升自己的沟通能力呢？

3.3.1 有效沟通，送给向往成功的你

现代社会，许多企业在招聘员工时，最看重的不是学历而是沟通能力，良好的沟通能力能够增强团队的凝聚力，为企业带来更高的效益。要想做到有效沟通，需要我们明白与人沟通的原则，避免冒犯他人。有效沟通的 7 个原则，如表 3-5 所示。

表 3-5　有效沟通的 7 个原则

原则	具体内容
可信赖性	建立对传播者的信赖
表达的明确性	信息的组织形式应该简洁明了，易于对方接受

续表

原则	具体内容
一致性	沟通要与环境（物质的、社会的、心理的或时间的环境等）相协调
内容的可接受性	谈话内容须与对方有关，能引起他们的兴趣，满足他们的需要
渠道的多样性	应该有针对性地运用多种方式达到向对方传递信息的作用
持续性与连贯性	沟通是一个没有终点的过程，要达到渗透的目的，必须对信息进行重复表达，但又必须在重复中不断补充新的内容，这一过程应该持续地坚持下去
接收者能力的差异性	必须考虑沟通对象能力的差异（包括注意能力、理解能力、接受能力和行为能力），采取不同方法进行谈话才能使信息容易被对方理解和接受

解决有效沟通障碍的要点就是尊重和理解，这不仅是个人的修养，还是一种对人有礼的态度。基本方法如下。

真诚是沟通的前提。如果双方在沟通时不够真诚，那么也就没有谈话的必要性了，真诚表达能够让对方感受到尊重和信任，是促使交谈有效的最佳方法，尤其是工作往来在并不熟悉的人之间。

明确谈话意图。在谈话一开始就要表明自己的态度或意图，否则双方交流一段时间，没有实质性的内容，岂不是浪费时间？与此同时也可以让对方更好地了解谈话的动机和底线，不至于稀里糊涂地越线，引起不快。

不要预设立场。在交谈时，切忌以自我为中心，忽略他人的感受。谈话过程是双方意见的交换，自我意识强的人是得不到有效的信息的，还会因为固执引起双方的冲突，造成不必要的麻烦。

3.3.2 如何面对一个难以沟通的人

在工作场合中，我们每天会和各种各样的人进行沟通，有时会遇到一些难以沟通的人，要么对方不善表达，要么对方不愿表达，面对这些情况，可使用如图 3-4 所示的沟通技巧，达到有效得体的沟通目的。

共同表达

如果交流对象有表达的障碍，可通过与对方共同表达同一件事或帮助对方表达，实现沟通的目的。主要方法是"询问 + 描述"，比如："今天有汇报工作吗？""有的""那领导有说什么吗""……""领导对这个方案是不是比较满意""……""领导的脸面是不是紧绷的"。

消除语言的含混性

中国语言有个特点就是同一句话可表达不同的意思，因此在交谈时容易造成沟通障碍。很多时候我们觉得难以沟通，可能是因为语言表达的含混。消除含混性的方法就是"询问"和"复述"，通过询问和复述能够帮助我们确定对方的意图或了解对方是否清楚自己的意图。比如："刚刚的问题是指某某情况下才会发生的，是吗？"或是"刚刚我说的话是不要做……而不是去……"

冷却决策

在交谈对象难以沟通的情况下，与之较劲是不明智的做法，双方交谈进入僵局时，冷静下来才是上策，比如提出："一个小时后再进行谈判可以吗？"既照顾了对方的情绪，也有利于之后的交流。

换位思考，成为他 / 她

理解对方想问题的出发点，再结合自己的出发点说明情况，找到最佳解决办法或是"第二好的解决方案"，若立场不统一，可退一步寻求沟通的空间。

不要跑题

如果你的谈话对象说话容易跑题，那么势必会影响沟通的效率，所以要记住谈论的话题，想方设法把话题拉回来。这就要注意过渡语的使用和联想能力的发挥了，比如："除了你刚才说的，我还想补充……"

消除敌对感

在商务谈判时，谈判双方因为立场不同容易产生敌对感，此时该如何有效沟通呢？这时需要调整自己的情绪，降低语言的攻击性。

图 3-4

3.3.3 高情商的人是这样沟通的

职场人士每天与人沟通交流时是否会思考自己的沟通能力是否合格？在为了人与人之间的沟通问题苦恼时，是否想过高情商的人是怎么与人交谈的呢？其实这些技巧都是有迹可循的，可以先从以下几点做起。

给出选择。在请人做事时，可以抛出两个方案或是圈定一个范围，将选择权交给对方，使对方易于接受，比如：“你想做合作公司的项目还是做小刘新开发的项目？”或“这份文件你明天交还是下周交？”

认可他人。想要人帮忙时，可先夸赞对方的优势，再顺势请求帮忙，更容易成功，比如：“小王，你的数据分析能力是最优秀的，只有你能做这个项目了”。

说完整的句子。语意的逻辑是否清晰和句子的完整程度成正比，交谈时最忌讳说话说一半，高情商的人不会犯这种容易产生误会的错误，只有有头有尾才不会产生误会。

避免双重否定。虽然双重否定有加重语气的作用，但由于语句复杂难免产生歧义，谈话中最好的表达方式是直抒胸臆，不必绕来绕去。就像“他不是不好”是夸人的意思，但听到后的感觉不如“他很好”来得真实具体。

避免重述观点。沟通的要点显然不在表达，而在综合。一遍遍重述自己的观点并不能达到沟通的意图，高情商的人会提出问题并努力理解问题的各个方面，比如“你的观点是什么呢？”就比重复说明“我的观点是不加价”更有水平。

沉默代表多重含义。在职场交流中，沉默是一招万能的沟通技巧。无论是没想好说什么时，还是不赞同别人的观点时，或是气氛紧张时，沉默可以缓和一切情况，而且不暴露自己。但同时也要避免太过沉默。

3.3.4 用交往对象喜欢的方式得体说话

每个人的性格都不一样，在职场中与人交谈时，一定要分清每个人的性格特点，用交往对象喜欢的方式交流，才能达到交流的目的。不同类型的人对应不同的说话方式如表 3-6 所示。

表 3-6　不同类型的人对应不同的说话方式

类型	说话方式
性格急躁型	性格急燥的人说话喜欢占据主导地位，所以不要与其争夺说话的主动权，这样会激起他们的逆反心理；切忌在小问题上斤斤计较；如果在交流过程中，对方情绪开始高涨和不受控制，千万不要被影响，一笑了之就行
性格内向型	谈话时耐心等他说完，不要急于打断，否则会让他难以继续自己的话题；不要当着许多人的面提意见，可私下与他进行交流，对方更能理解；谈话时最好有眼神交流；内向的人多半敏感，谈话时不要太严肃或太嘻嘻哈哈，容易使对方多想
性格外向型	发现问题可以直接向对方说明，对方能够接受意见并提出修改建议；切忌反复交代同一件事，会让对方觉得你不信任他；注意配合他的谈话内容，不要没有反馈，这样对方会很容易受挫
力求完美型	就细节处与之沟通会提高对方的干劲；不急于做出决定，给他们时间进行思考和分析
特立独行型	重视他们的感受，特立独行的人在乎别人的看法，希望得到别人的理解；不要用理性逻辑去约束他们的思维，可在言语间激发他们的想法，为工作服务；同时对于他们而言赞美更重要
权威型	说话要有重点，权威型人格不愿意在无关紧要的地方浪费时间；不必事事同意，有不一样的看法可能更对他们的胃口；权威型的人注重效率，所以谈话时直接一点更好，有作用的谈话更容易受到他们的青睐
理智型	不要介意谈话中的冲突，对于理智的人来说冲突意味着解决的开始，只要让他们有理清思路的空间就行

3.4

礼貌温和地接听电话

当工作时有电话打来，作为职场人士应该如何接听才会不失礼呢？这就要求在接听电话时要注意语气、态度，温和有礼地与人交流，因为在电话里给人留下的印象会自然而然与公司形象画等号。

3.4.1 礼貌接听电话的基本流程

接听电话有一系列的流程，每个环节都要注意相应的礼节，接下来看看如图 3-5 所示的基本流程。

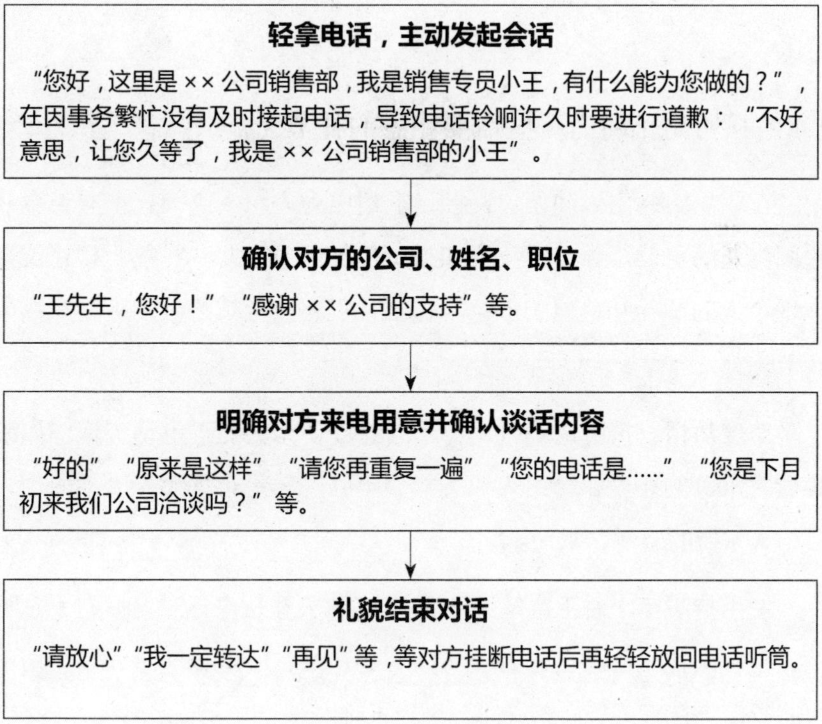

轻拿电话，主动发起会话

“您好，这里是 ×× 公司销售部，我是销售专员小王，有什么能为您做的？”，在因事务繁忙没有及时接起电话，导致电话铃响许久时要进行道歉：“不好意思，让您久等了，我是 ×× 公司销售部的小王”。

↓

确认对方的公司、姓名、职位

“王先生，您好！”“感谢 ×× 公司的支持”等。

↓

明确对方来电用意并确认谈话内容

“好的”“原来是这样”“请您再重复一遍”“您的电话是……”“您是下月初来我们公司洽谈吗？”等。

↓

礼貌结束对话

“请放心”“我一定转达”“再见”等，等对方挂断电话后再轻轻放回电话听筒。

图 3-5

除了清楚了解接电话的基本流程外，还要了解流程中的注意事项。

①电话铃响在3声之内接起，如果响声超过6声，接起后首先要跟对方说声对不起。

②电话机旁准备好纸笔进行记录，确认记录下的时间、地点、对象和事件等重要事项。

③接电话时要使用文明用语，不使用“喂、喂”或是“你找谁”等粗鲁的话语。

④不要开扩音，这是很失礼的，既侵犯隐私，也打扰其他同事的工作。

⑤复诵来电要点，防止记录错误或者产生偏差，提高工作效率。

3.4.2 接听电话时有哪些需要注意的礼节

在职场中，由于简便、直接，电话成为人与人之间、企业与企业之间沟通的重要工作，但我们知道，接电话也需要一些技巧和礼仪来体现个人的涵养和单位的形象。那么我们在接电话的时候应注意哪些礼节呢？

态度热情。接听电话时，自己的态度情绪会通过电话传递，如果是死气沉沉的态度，会给人业务能力不强的感觉；如果态度不耐烦，会给人傲慢的感觉，从而影响交易。

左手持听筒，右手拿笔记录。大多数人在接电话时习惯右手拿听筒，但在工作中往往会涉及业务内容的记录，所以要两手并用，切不可将听筒夹在耳朵与肩膀之间，极为不雅。

接听电话的时候要专心。不要一边打字一边讲电话，甚至让对方听到键盘声；也不要一边与同事交谈一边接电话。

注意语速语调。在接听电话时嘴巴要正对着话筒，发音清晰，语调温和，语速适中。还可以配合表情，真诚的微笑是可以通过电话传递的。

保持正确姿势。接听电话的过程中应该始终保持正确的姿势，因为当人的身体稍微下沉时，丹田会受到压迫，发出的声音会显得有气无力，对方由此可以猜测到你的工作状态不好，因此会觉得不受重视和尊重。保持端坐的姿势，尤其不要趴在桌面边缘，这样可以使声音自然、流畅。

忌吃东西。在通话过程中，绝对不能吸烟、喝茶、吃零食，让对方听到吃东西的声音是非常失礼的。

职场加油站

可以利用“5W1H”技巧，简洁明了地记录电话内容的要点，即When(何时)、Where(何地)、Who(何人)、What(何事)、Why(为什么)、How(怎么样)。比如：某某公司的王总约采购经理明天下午在对方公司会议室进行相关合作事宜的谈判。

在接听电话时遇到一些特殊的情况应该如何处理呢？下面分享一些常用的对答技巧作为参考，如表 3-7 所示。

表 3-7 接听电话的基本技巧

技巧	情况
委婉拒绝	在工作中有时会遇到一些推销电话，直接拒绝可能会有损形象，可以采用回避的方式委婉拒绝，比如：“我现在忙，有需要就联系您。”“我记下您的电话，回头再联系您”

续表

技巧	情况
学会建议	在遇到不能接受对方的条件的情况时，可以通过多种建议化解矛盾和尴尬，把不能接受的客户要求变得可行，比如："明天能发货吗？""不好意思，最近旺季，仓库管理人手紧张，我们最迟在 21 号之前为您发货。"或是"我们将直接为您联系运输公司。"
适时应答	通话的过程中，适时地加入应答更能体现我们的专注和专业。第一，在对方发表意见的时候我们可在恰当的时间点做出简单的回应，最好是一两个字，比如"是的""对""可以"等；第二，在对方的一段话结束时，可用"肯定句 + 疑问句"的形式进行谈话内容的确定，比如"明天上午开会，是吗？"；第三，不要打断对方
中断对话	如果在通话过程中，需要处理一些紧急的事，可请对方稍等一下，然后手捂听筒与同事交流，记住不要让对方听到对话或者大声喊叫，这是很不礼貌的
解释要真诚	如果是遇到客户的抱怨和投诉，敷衍是最不可行的，一定要根据工作内容详细具体地进行解释，比如："因为合同签约时我们特别规定负责运输费用，所以价格会高出市价，还请您理解"

3.4.3 代接电话有讲究

职场中的一项麻烦事就是办公室的电话响了，但迟迟没有人接，这时候要不要代接就是一个问题。不接，如果有紧急的事，容易造成损失；接，又会牵涉到隐私方面的重要内容。通用的法则是不要代接别人的电话，但有些特殊情况还是需要代接电话，此时就要分清情况。

（1）帮同事代接

一般来说，帮同事代接电话要注意手机和座机的分别，一条规则是“接座机不接手机”。虽然很多工作事宜也会用手机进行联络，但我们无法判断来电是私人的还是与工作相关的，随便接听就显得不礼貌，但一般打到座机的应该是工作事项，如果无人接听，会给合作者留下“该企业不够专业”的印象，此时，就近的同事可代接，但要注意如下一些细节。

- ◆ 拿起电话时先报企业名称和所在部门，然后立即说明同事不在座位。不要本末倒置，即先问内容，再说同事不在，这样会引起争执。
- ◆ 留言有两种形式，一是请来电者留下要咨询的工作内容，二是告知来电者等同事回来后再主动联系对方。
- ◆ 如果同事还在公司，应该尽力去寻找，不要懒于行动。
- ◆ 不能八卦，不该了解的事千万别去打听，更不能广而告之。

（2）帮领导代接

因为领导一般都有助理或秘书，所以代接电话也成了一项工作内容，但代接电话时要注意识别什么人是领导重视的，什么人是需要过滤掉的，然后根据时机、场合与事情的重要程度来决定是否将电话传给领导。

◆ 领导开会时

这时不管什么电话都不应让领导接听，可请对方留下联系方式或传递的信息。如果是非常重要的事，可将要点记到留言条上，送进会议室内，让领导自行决定。

◆ 领导与访客面谈时

这种情况需要权衡访客的重要程度与电话内容的重要程度，如果访客是重要人士，轻易去打扰是非常不明智的行为。

◆ 领导有特别交代的时候

领导要求拒接某人或某公司的电话，应做出有礼貌的婉拒；领导要求在某个时间段不接电话，比如领导在中午一点到两点不接任何电话，那么下属应做好记录并向来电者解释清楚；领导指定某人的电话要立马转接给他，那么就要做出相应的、快速的反应。

职场加油站

代接电话的留言要素有5个，分别是：致某某，即给谁的留言；来自某某，即来电人；日期，即年月日，最好具体一点（如2017年9月14日16:25）；记录者签名，有助于日后查询；留言内容（5W1H）。

CHAPTER

04

商务办公，让好印象深入人心

职场人士在办公时，会经常与同事、领导打交道，在待人接物方面尤其要注意不可失了分寸，越过正常交往的界限，这样不仅会引起大家的反感，还会降低工作效率。从打招呼到汇报工作，职场的事不分大小，每一件都要认真对待，事无巨细、面面俱到，才能做到专业水平与礼仪修养兼修。

4.1

同事相处，和谐共赢

进入职场后，无论你在哪个部门工作，处理好同事关系都非常重要。只有处在一个和谐的工作氛围中，工作效率才有保障。而与同事和谐相处，是创建和谐工作氛围的前提。那么，我们应该怎么做，才能确保与同事之间和谐共处呢？

4.1.1 “先发制人”地给予明朗的招呼

职场法则“逢人必打招呼”，进入办公室时、电梯里、上下班途中打一声招呼，即是友好相处的开端。那么，关于打招呼的礼仪有哪些一般性规则呢？

①打招呼的方式不局限于语言，根据场合对象的不同可使用点头、微笑、招手、握手、击掌和拥抱等方式与人问候。

②积极主动地与人打招呼。主动打招呼所传递的信息是：我很重视你，会让对方感觉到你对他的尊重。

③打招呼的顺序一般是男性先向女性致意，年轻人先向年长者致意，下级先向上级致意。

④在街上邂逅时不要装作没有看到，这是十分失礼的，要主动打招呼，且距离最好有3、4步，可欠身或点头，如果戴着帽子可以摘去。

⑤与人打招呼时，忌叼着烟卷、嘴里含着东西或把手插在衣袋里。

⑥关注那些内向的同事，他们由于害羞和内向不能很快和大家热络起来，所以主动和他们打招呼会让他们觉得不受冷落，一声招呼能让他们印象深刻。

在具体的情况下，该如何打招呼呢？

◆ 对象不同称呼不同

一般来说称男性为先生，称未婚女性为女士，称已婚女性为女士或太太。在职场中还要根据公司职务、职位或工作性质来称呼，比如李经理、吴总、蒋主编或刘律师等。

◆ 根据情境打招呼

行走的过程中，要停下脚步或放慢行走速度后打招呼，匆匆打招呼会给人敷衍的感觉；坐在座位上时，有两种情况，如果是身份地位比自己高的领导，要立即起身主动打招呼，如果是普通同事，微笑点头就行；如果在室外有一定距离的时候看见同事，要微笑着招手或是稍微抬高一些声音对对方说“早上好”之类的；如果在拥挤的电梯里，那么动作幅度不可过大，音量不可过高，伴随着微笑轻声招呼就可以了。

在平常生活中，常见的中国式招呼用语有哪些呢？以下这些都是使用频率较高的。

常用语：“你吃了吗？”

这是日常生活中最普遍的招呼语，它的形式大于内容，发出者并不是真的想得到确切的回答，而是通过这种问候表现礼貌。不过要注意场合，比如在卫生间就不宜使用，容易造成尴尬。

常用语：“你这段时间忙吗？”

由于现代人的工作比较忙，很长时间以来，人们喜欢用这句话问候同事、朋友等年龄相当者。既体现了朋友之间的相互关心，又显得不那么俗气。

常用语："今天气色不错。"

招呼语不仅限于"早上好""吃了吗？""回家啦？"这些普遍的，一句简单的夸赞，能让人一天都心情舒畅，比如"你今天的衣服搭配很不错""最近气色不错"等。

职场加油站

与外国人打招呼时避免使用中国式的招呼方式，比如"上哪儿去""吃了吗"等，由于中西方文化不同，很多话中国人觉得很平常，但在外国人的理解里就是在侵犯隐私或有别的含义。

4.1.2 教你与不同类型的同事友好相处

在职场工作，同事既是你的合作伙伴，同时又存在竞争关系，所以如何与同事友好相处是一门必修课，面对不同的同事，与之打交道的方式也应不同，要注意区分，不可敷衍，重点是用心、真诚地对待身边的同事。

◆ 傲慢型同事

在与骄傲自大的同事共事时，如果不是原则性问题，尽量不要与他争辩，否则会使他的自尊心受挫，与之交流有理有节、言简意赅。不需长时间相处，也不必过于谦卑，否则会让对方愈加膨胀。

◆ 敏感型同事

与过于敏感的人相处会很累，因为他们对别人的行为和言语都过度关注及多想，容易产生误会，所以面对他们说话要十分小心，委婉一点，也不要有太多肢体动作。如果要向他提意见，避免直接批评，要先讲出他的优点，语气方面也不要表现出不满或责备。

◆ 搬弄是非型同事

这类人在职场中的比例还是比较多的，喜欢刺探别人的隐私而且多嘴多舌，尽量在他聊起别人的八卦时就转身离开，不要参与其中，与之一起传播别人的事情，更不能把自己的事情或对某人某事的看法表露出来，一不小心就会散播出去，得罪许多人。

◆ 敬业型同事

这种类型的同事工作态度非常好，与之一起工作，业绩也会大大提高，但可能他们对周围人的要求也比较严格，比较难满足他们的要求，所以要尽量配合他们，当他们对你的工作不满意时，不要心怀不满，他们只是“对事不对人”。

◆ 抱怨型同事

爱抱怨的同事对工作、上司等常常表达不满，与之相处时，千万不要附和他，也别去反驳他，转移话题是最好的方式，多聊一些正能量的话题或是保持沉默。

◆ 死板型同事

这类人一板一眼、不会变通，什么事都按规章制度来，在工作中容易因做事方法不一致产生矛盾，交往中尽量站在对方的立场上考虑，这类人的思维比较固执，说话尤其要注意方法，不要急于求成。

4.1.3 尊重他人，才能被他人尊重

在职场交往中，同事关系发展的前提就是相互尊重，因为人人都想获得别人的尊重和肯定。只有学会尊重他人，才能获得别人的尊重，共同营造一个良好的工作氛围。

那么在职场中应该从哪几个方面来表现尊重呢？如表4-1所示。

表4-1　从3个不同的方面尊重他人

不同方面	尊重的表现
人格	尊重他人，首先要尊重他人的人格。每个人的学历、相貌和能力都有所不同，在平常交往中切忌对别人的这些基本属性进行评价，或者嘲笑他人的长相，随便起外号，拿别人难堪的事当作笑料。即使有些同事与周围格格不入，也要给予充分理解
礼节	礼节方面就是指特定的公序良俗，比如见面问好、借用他人物品事先说明、点餐时先问过同事以及与女士共处时保持距离等。通过礼节的注意和讲究向同事传递尊重的含义
态度	职场行事态度要谦虚，职场中人肯定各有所长，即使你是老员工，也要保持谦虚的态度，不要不可一世，让别人感受不到丝毫的尊重。 在别人指出错误时要诚恳地接受，断然否定只会让自己没有进步的空间，还会给别人留下没有教养的印象。 当别人展现自己的工作成效时，马上否定是不尊重人的表现，在完全了解、仔细研究后得出的结果才会让别人感觉你是认真对待了的，对方也有被尊重的感觉，即使有意见，也能接受

只要做到尊重他人，与同事友好沟通，很多职场中的问题就能迎刃而解，不过关于尊重的其他一些注意事项也要职场人士重视。

①尊重的第一步是尊重自己，不论从外形还是从自身从事的职业来说。比如作为职场人士穿衣打扮要正式讲究，不能蓬头垢面；对所在的行业有信心、有能力，努力提升自己的专业技能。

②尊重不等于盲从，在与领导、同事交往时不要因为维护关系而忽略工作意见的不一致，应在礼节的范围内提出自己的观点。

③同事在工作中出现纰漏要大度一些，不要抓住一点错误不放，反复提起，使人难堪，要想到自己也会犯错，己所不欲，勿施于人，适度包容别人的错误也是一种尊重的体现。

4.1.4 要做到同事的隐私不打听

隐私是指不愿告人或不愿公开的个人的私事，一个人的隐私通常包括个人信息、家庭背景和情感关系等。作为同事，好奇心太重或刻意打听就是不礼貌的行为，必定会引起对方的不满，所以一定要克制自己的这种行为。

（1）不要成为传播隐私的源头

作为职场人士，可能常常会遇到这种情况，即周围同事打听他人的隐私，这时候一定要注意不要有任何不当发言。具体做法有以下一些。

无信息含量。可以说一些没有实质性内容的话，或是说一些没有关联性的话，只要不涉及别人的个人信息就行。

回答不知道最简洁。比如："你知道小王家里是干嘛的吗？""不知道，我和他接触不多，都是工作上的交流"，这样一来，对方就不会再追问你了。

转移话题或找机会离开。如果与同事交流时自己"一问三不知"会显得有些不近人情，必要时可转移话题，将话题引到电视电影、个人娱乐方面是最合适的。比如："最近小张好像挺忙的，领导安排他干嘛了""没听他说过，你最近有去哪玩吗？"

职场加油站

在现代职场，办公作业都是无纸化，关键信息都在电脑中存储，作为员工应保持警惕，给个人办公电脑设置开机密码以防万一，在离开座位或外出办公时要将电脑屏幕及时锁住或者关机，以防泄露信息。

（2）成为隐私传播的终点

表示不感兴趣。当同事向你传播他人信息，可以直接表示自己并不感兴趣，请对方换个话题。

礼貌提示。可以委婉地表示自己的态度，以此来阻止对方。比如："你知道小王最近和女友分手了吗""这样议论别人不太好吧"。

保持沉默。如果对方兴致十分高昂，你又不好意思打断，最好保持沉默，不发表看法和意见，过后不向他人传播即可。

用动作表情表示反感。比如对方的谈话开始涉及他人隐私时可摆手或摇头表示反感，使对方有所收敛。

在学习了如何对待同事的隐私后，你是否真的理解了什么是隐私呢？隐私具体是指哪些方面的内容呢？如表4-2所示。

表4-2 隐私的具体内容

分类	具体内容
个人信息	身高、体重、三围、肖像、病历、性取向、身体缺陷、健康状况、财产状况、爱好和信仰等
通信信息	个人信件、电报、电话、邮件信息、传真和微信等社交软件的聊天内容
个人领域	生活经历、婚恋、家庭、社会关系和心理特征等

职场加油站

职场信息中的隐私由各行业的性质决定，每个行业涉及的隐私范围不同。比如医生要对患者的病例资料予以保密；人力资源部门要对企业员工的个人信息、薪酬信息保密；公务员要对普通公民的信息予以保密；银行职员要对客户的财产信息保密等。

4.1.5 职场潜规则，警惕与“不对脾气”的同事打交道

在职场中，你可能会遇到很多和你“不对脾气”的同事，但作为成年人不得不顾及礼仪、面子和大局，所以不得不多加忍耐、维持关系。不管愿不愿意，你都难免会碰到一些“不对脾气”的同事，爱搬弄是非、挑拨离间、落井下石，面对这些人的时候要比平常更加注意自己的言行举止，不要让对方有机可乘。一些实用的方法如图 4-1 所示。

考虑周全

与“不对脾气”的同事打交道一定要考虑周全，说话尽量少，能不谈的内容尽量不谈，工作内容要反复检查确认无误，计划一定要做周密，否则一旦出现纰漏就会被抓住不放，不给对方留下错处是最佳方式。

惹不起就躲

虽然“不对脾气”的同事是我们总会遇到的，但我们可以选择远离，保持一定的距离，就不会轻易受到伤害。

吃小亏也无妨

在与“不对脾气”的同事相处时，不要太过计较，吃点小亏也无妨，工作进行顺利就可以。过于计较可能会引起对方的仇视，带来不必要的麻烦。

不正面冲突

在工作上与之起了冲突，不要在大庭广众下争吵，会招来记恨，私下交流或是直接报告上级是最稳妥的办法。

切忌经济往来

不要与“不对脾气”的同事有借贷的金钱关系，那样只会自找麻烦。如果遇到公司项目涉及银钱问题，一定要一项一项写清楚，一分一厘都不能弄错，否则将来引起纠纷就大了，而且吃亏的还是自己。

保护隐私

与“不对脾气”的同事同在办公室共事，难免会一起参与公共活动，比如聚会、出差等，要切忌气氛一热络就忘了分寸，要注意保护自己，不要将自己的隐私告知于他，否则会为自己带来意想不到的麻烦。

图 4-1

4.1.6 优雅不失礼节拒绝同事的借钱请求

在现代社会，同事之间的交往不仅限于工作地点，平时一起休闲娱乐、聚餐是难免的。私下往来，就会涉及金钱方面的问题。原则上，不到不得已一定不要与同事产生金钱往来，有了金钱往来就容易有金钱纠纷。但是工作中难免会遇到同事向你借钱的情况。

如果你相对比较宽裕，金额不大，如一两百块钱，借给同事后即使他不还，损失也不大。如果你本身资金也比较紧张，你不借会觉得不好意思，借了你又担心对方不还，那我们要如何委婉地拒绝他们的借钱请求，又不伤及彼此的面子呢？下面介绍几种应对技巧供大家参考。

◆ 不要在第一时间拒绝

当同事向你提出借钱请求时，不要在第一时间就拒绝他，这样容易得罪别人。如果刚好你这个同事就是一个心胸不开阔的人，事后说不定对方会在背后说你坏话。

正确的做法是认真听完同事的困境，如果你没有钱借给他，或许在其他方面可以帮助他。比如站在他的立场，给他出谋划策，或者给他推荐一个经济相对宽裕的其他同事，让他自己去借。如果你是真心实意地帮助他，即使没有借钱给他，对方也会对你心存感激的。

◆ 诉说自己面对的困难

当同事向你提出借钱请求时，先抱怨工资低，完全不够每个月的开支，并把你的账单算给他看，最好弄成赤字。当他了解你的难处后，也就不好意思再向你开口借钱了。

◆ 反客为主向对方提出借钱要求

对于那些经常借钱不还、信誉低的同事，当他提出向你借钱时，反客为主，向他提出借钱要求，对方也就不好意思再提借钱的事儿了。

◆ 视情况少借点

如果是相对比较要好的同事向你提出借钱请求，你也实在不好意思开口拒绝，此时可以视情况少借一点，比如对方要求借一两万，你可以根据自己的困境告诉他你只能借给他一千，如果差得比较多，对方也就不会再向你借钱。

◆ 坚持救急不救穷的原则

在借钱给同事之前，一定要先问对方为什么要借钱，如果对方的理由真实，可以适当借出一些，你此时的雪中送炭，同事都会对你感恩的。如果对方说不出很好的借钱理由，而且借钱金额也不多，都是两三百，此时坚持不要借，因为这些钱很可能借出去就收不回来了。

职场加油站

同事之间外出聚餐娱乐时，关于付账，可以采用如下方式来防止因为经济往来发生矛盾：① AA 制。即大家共同平摊消费的费用，这样公平合理，大家心里没有什么意见，经济上也都能承受；②轮流坐东。虽然 AA 制在国外比较流行，但考虑到中国社会讲究人情和面子，所以轮流付账也是一种常见的方式。因为每次聚餐的人数、聚餐的消费都大体一致，也不会有很大的差异，所以一般上班族都能接受这两种方法。

4.1.7 与异性同事这样相处很危险

在办公室中，异性同事相处尤其要注意分寸，不可过分亲密，如果这个度把握不好，不仅会给本人带来麻烦，还会对公司造成不好的影响。所以，掌握一些与异性相处的职场礼仪是非常必要的，如表 4-3 所示。

表4-3　与异性相处应注意的几个方面

分类	具体内容
一般礼仪	一般来说，男女同事之间不可太过亲密，容易引起他人的误会。根据国际通用标准，男女间相距46厘米以内，就被视为亲昵；50～60厘米视为私人的空间距离；60厘米以外才是与人交往的正常距离。所以男女交往应保持60厘米左右的距离，以感受不到对方的呼吸快慢为标准。不问女性年龄，女性对年龄往往是比较注重的，贸然询问女性的年龄容易引起对方不悦。男性女性在交流中不涉及私事，更要避免私下交流或碰面。在工作场合，男性女性都是平等的，切不能因为性别差别对待，尤其是对待女性
语言礼仪	男同事要注意不要当着女性的面说粗话、脏话，会让女性觉得被侵犯。在夸赞女性的时候尽量做到真实合适，不要过分恭维，避免挑逗性的话语，带来不必要的误会，让对方产生不快
衣着礼仪	在办公室内，男女都要注意自己的打扮，不可过分随意，甚至把办公室当家里。男士注意不要把衬衫敞开或上半身赤裸，这是对在场女性的不尊重；女性也要注意不要穿得太性感，忌穿超短裙等暴露的衣服，一是容易走光，二是会引起别人的反感
举止礼仪	在办公室内，举止应大方得体、不轻浮。男士不要当着女士的面调整皮带扣、脱鞋或是把衬衣塞进裤子里，如果需要整理衣着，可到洗手间等私密的地方进行；女士切记不要做些引人遐想的动作，比如在男性面前梳头、化妆等，导致误会就不好了
交往礼仪	在办公室里，要把握好和异性同事交往的分寸。不要把自己的私生活带入办公室，尤其是私人感情的不如意，不宜对异性同事过多倾诉，否则会造成比较尴尬的场面。私事容易影响工作，如果想找人倾诉，可在下班时与同性同事进行沟通

职场加油站

如果女性在职场中遇到骚扰，一定不要默不吭声，要通过正当手段维护自己的自身安全和人格尊严。如果是听到了明显带有侮辱性的话语，一定要明确反对，提醒对方说话已经过了分寸，让对方道歉；可以通过录音、截图和视频保留被骚扰的证据，可直接上报公司或是警告对方，保护自己的权益。

4.1.8 与同事交往的禁忌有哪些

在了解了与同事交往的礼节后，对于同事相处的禁忌也不能忽视，如果不注意这些交往的禁忌，容易在细节处得罪他人，造成不可挽回的损失。

◆ 忌外出不告知

在工作时遇到要出去办事的情况或是请假在家，出于礼貌一定要告知周围的同事。这样对方知道你的去向，有工作安排或领导询问时，对方能够及时安排和交代，这不仅方便了大家，而且对自己的工作也有帮助。互相告知，既是工作的需要，也是联络感情的需要，代表双方互有的尊重与信任。

◆ 忌零交流

虽然在职场中要注重隐私，但也不能对自己的事缄口不提，有些私事，在与同事聊天时说说也无妨，既能让对方了解你，又能联络同事之间的感情。比如生日、爱好和生活趣事等。

◆ 忌与一人过度亲密

同办公室的同事不止一人，在交往中要注意保持平衡，尽量和每个人关系都不错，不要与一人过于亲密而将其他人排斥在外，这是职场中比较忌讳的，容易被人误会是拉帮结派。

◆ 忌牢骚满腹、逢人诉苦

工作时应该保持积极的态度，不要牢骚满腹，这样的情绪不仅影响自己，还会影响到周围的人，引起同事的不满。在遇到不顺心的事时，最好不要到处诉苦，一谈再谈，影响了他人的正常工作。

◆ 忌在领导面前故意表现

在工作场合应保持不卑不亢的态度去对待领导和同事。如果对领导溜须拍马，却对同事或下属爱理不理，是得不到别人的尊重的。还要注意自己有才能是没错的，但是如果不分场合、时机，随时随地展示自己的优势，就会引起他人的反感。同事之间本就有隐性的竞争关系，真正有才能的人都是通过业绩表现自己，而不是用这些多余的行为证明自己。

◆ 忌嘴上不饶人

在同事相处中，有些人喜欢争论，一定要胜过别人才肯罢休。对含糊不清的问题也要争个输赢，或是没事找事挑起事端，这对同事关系的影响非常大，还是宽容一点为好。

4.2

上司相处，礼貌得体

职场如战场，竞争越来越激烈，职场关系虽说和工作质量没有直接关系，但想要晋升得快，就要和领导打好交道，一个聪明会办事的人会让领导对他委以重任。所以，与上司相处就不似同事那般随意，掌握分寸，揣摩上司的意思是一门学问。

4.2.1 读懂你上司的小动作

一个人的表情动作往往隐藏着巨大的信息，学会察言观色，能让你在职场中如鱼得水。掌握了领导的喜怒哀乐，就不会在不该说话的场合说错话，造成尴尬的局面。这就需要职场人士了解上司的一些小动作都代表什么，如表4-4所示。

表 4-4 上司的表情动作代表的含义

表情动作	代表含义
说话时不与下属对视	说明他对这个下属不感兴趣或是认为此人无能，对他的工作不满意
久久地盯住下属看	说明他在等待下属的回答和更多的信息，或是他对下属的印象尚不完整，开始认真关注他
平和坦率地看着下属，偶尔眨下眼	说明他对下属的工作能力是肯定的，认为这个人是可造之材，甚至能忽略工作中的小失误
目光锐利，表情不变	说明他可能对下属的汇报内容存有疑问和不信任，同时表达一种权威，告诉下属他能识别虚假的内容
在下属汇报时，偶尔往上扫一眼	如果出现多次，说明他在不断思考你的汇报内容，有些他还拿不准，或是你有未表达清楚的地方
向室内凝视，偶尔微微点头	说明他希望下属对他的决策大力拥护，因为他心里已经有了决定，不再听取下属的意见
双手插腰，肘弯向外撑	说明他在考虑做一个决策，这往往是在碰到具体的权力问题时所做的姿势
坐在椅子上，将身体往后靠，双手放到脑后，双肘向外撑开	说明他此时很放松，心情很好，或是他认为你的谈话内容没有价值，不置可否
手指指向下属	说明他已经接近愤怒的边缘了，此时下属最好不要做多余的动作去惹怒上司，按着他的要求离开或是闭嘴
双手放在身后互握	说明他在展现自己的优越和自信
拍拍下属的肩膀	说明他对下属的工作表示认可和赏识，也有安慰和鼓励的意思
手指并拢，双手构成金字塔的形状，指尖对着前方	说明他对眼前的场景不满或表示否定，把手置于面前是不想让人看到他的表情，猜到他在想什么，他在找合适的时机驳回下属
把手捏成拳头	说明他对周围的环境有防备和抵御的心理，同时表达对自己的观点的维护，如果上司用拳头敲桌子，那么你千万不要再说话，这时表明上司要开始说话，或是他要大家停止发表意见

4.2.2 支持上司，维护上司的形象

在职场生存，不仅要认真完成上司交代的工作，还要记住上司的权威是不可侵犯的。上司的形象不仅代表个人，还代表企业经营的核心，所以在与上司相处时要注意技巧，努力维护上司的形象。

（1）尊重上司

维护领导的形象要做的第一步就是尊重，不仅是礼仪周全，还涉及到尊重上司的个人习惯、性格和做事方式。那么在具体的工作场合中应该怎么做呢？如图 4-2 所示。

被上司误解，不要急于辩解

在日常工作中，会经常遇到因为种种原因而被领导误解、错怪，这时不要急于辩解，对领导的错怪反应激烈是十分错误的做法，一定要杜绝这种做法，因为这会让领导一下子下不来台，尤其是当着众多的同事的面，这会让领导对你的印象大打折扣。领导的错怪是对你产生印象的开始，如果你处理得当，既维护了领导的权威，又澄清了错误，会让领导一下子眼前一亮。

不要当众与领导起冲突

作为职场人士，你要遵守一条不变的"规矩"就是永远不要当众与领导起冲突。即使你们意见不合，或是你的策划有多么正确完美，但当众挑战领导的权威会破坏领导的形象，即使你最后得到认同了，但早已在领导心中上了黑名单。

背后议论领导是大忌

即使对领导有怨言和不满，自己闷在心里就可以了。千万不要在其他领导和周围同事背后中伤，反复抱怨。这样做的后果有两种，一是被领导知道，让你"永无出头日"，二是被有心人利用，影响你的形象，让你在公司没有立足之地。如果对上司有意见或建议，最好的办法是以书面形式表达。

让领导认错是不可取的

领导都有自己的权威和架子，当领导犯错了，他也不会当着别人的面认错，所以作为下属，维护上级的形象时最好为领导做合理的辩解，让领导能下得了台。

图 4-2

（2）赞美上司

人都各有所长，善于发现他人的优点是人际交往的法宝，尤其是面对自己的上司，要常常表现出对上司的崇敬与仰慕。但赞美时不可太过夸张，否则会有故意讨好或言不由衷的感觉，要记住赞美不是恭维。那么在赞美上司时要注意哪些方面呢？

①在赞美上司时最好以“大家”或“第三人称”的口吻赞美，同时把自己的赞美加进去。比如某公司经理完成了一个策划，并且谈成了合作，职员小李是这样夸赞的：“王经理，午餐的时候，大家都夸您这次的策划创意很好，难怪合作谈得那么顺利。”

②赞美上司要注意使用偏中性的词，太过浮夸的词显得不真实，不要滥用形容词和副词，就像是“最”“很”之类的。

③赞美上司时注意赞美的内容要避免那些虚头巴脑的事，而要赞美上司真正在意的事情。比如上司的子女成绩优异、上司的决策执行效果、上司在公司的威望及大家对他的评价等，这样既能为上司解忧，又能表达对上司的尊重和赞美。

④在不同场合赞美上司要注意侧重点，比如在领导的上级面前，要尽量围绕工作，少提人事，以免引起其他纠纷；在交际场合，要围绕上司的个人性格和魅力，或是人缘来讲。

职场加油站

常用的赞美上司的话有这些：“运筹帷幄”“高瞻远瞩”“集思广益”“体恤下属”“管理有方”“平易近人”“以身作则”“坚持原则”及“听君一席话，胜读十年书”等。

4.2.3 与女上司相处，这6点切记

由于现代社会的发展，女性在工作中的表现越来越得到认可，所以在一个企业里，女性领导的比例也在不断升高。但由于社会的种种问题，职业女性尤其是女强人，受到的压力非常大。作为男性，如果你的上司是女性，要注意与之相处的分寸，这也是对她工作的支持。

◆ 保持适当的距离

与女上司保持适当距离，这一点非常重要。在任何时候，都应保持正常的人际交往距离，最好在50厘米以外。作为男下属，为了避免给女上司造成麻烦，尽量不要跟女上司走得太近，这对自身和女上司都是有利的。除了工作，生活中尽量不要与女上司互相接触。

◆ 注重礼貌，要有绅士风度

所有的女性都希望得到别人的尊重和特殊对待，除了工作能力，女上司会比较看重你的个人修养，会将个人修养与工作态度相结合，做出对你的判断。平常工作中，除了通常的礼貌外，展现绅士风度也很有必要。比如出门时为她拉门，进电梯时为她挡住电梯门，帮女上司提重物。这样既能保持一定距离，同时也让女上司对你的印象加分。

◆ 女性都爱听赞美话

爱听好话是女性的“通病”，不能改变，适当地夸赞你的女上司，也能让你得到她的注意。但需要把握一个度，既不能轻浮，又不能谄媚，还得是女性爱听的。

作为男职员，切忌夸女上司的外貌或身材，这是十分失礼的，显得自己非常轻浮和低俗。最好从女上司的品味、能力和气质方面来夸奖，这样的夸赞合适得体，同时女上司也会乐意接受。

◆ 无理由认错

如果工作中出了纰漏，保险的法则是“无理由认错”，千万不要狡辩或和女上司争论。女性生气时，感性往往大于理性，一般女上司都更看重你的认错态度，而不是错误的大小。犯错后，先无理由认错，等事后再书面解释。

◆ 下班以后，也别得意忘形

在下班后公司聚餐时，仍然要记得她不是普通的女性，而是你的上司。不要随意拿女上司开玩笑，很可能引起她的反感。因为女性比较敏感，对别人的谈话会格外注意，也更在乎别人对她的看法。

◆ 了解女上司的爱好

如果和女上司一起出差，或是外出办事，一直聊工作也不太好，各自无交流也不合适，了解女上司有什么爱好就能打破这个尴尬局面。你可就她的爱好进行聊天，这样既不侵犯隐私，也能拉近距离，或是针对她的爱好，多问多倾听，也能让女上司感觉倍受尊重。如果不知道女上司的爱好，可以聊聊音乐、热门电影等比较大众的爱好。

4.2.4 汇报工作，什么叫工作到位

一般来说，在下属汇报工作时，上司的态度是比较严肃的，因为这个汇报过程既可以了解工作进展，又可以了解自己的员工态度，所以下属要勤于汇报工作，并做好充足的准备。

（1）汇报流程

汇报的流程主要有 4 步，每个步骤都要做好细节，其中要注意的礼节如图 4-3 所示。

准时守时，不可迟到

要有极强的时间观念，最好在约定时间之前准备好，但不要过早到达，让上司没有准备充足，影响效果。另外也不要迟到，让上司等候过久。

事先敲门，方可进入

到达时轻轻敲门，经允许后才能进入，不可直接进去。即使门开着，也要站立门口，轻轻敲门询问可否进入。汇报时要注意仪表姿态，站有站相，坐有坐相。

内容实际，声音清楚

汇报内容要有实际性和可用性，汇报要口齿清晰，语调适中，条理清楚，不可粉饰工作成果。

汇报结束，得体离开

汇报结束后，如果上司想就汇报内容进行交流，可就工作发表一下自己的看法，等到上司表示结束后才可以告辞。离开时要整理好自己的材料、衣着、茶具和座椅，主动对上司说“那我先去忙了”或“那就不耽误您的时间了”。

图4-3

（2）汇报方法

在了解汇报流程后，怎样才能在汇报时达到最好的汇报效果？方法和技巧是非常重要的，要想让领导了解自己的工作内容，并取得其支持，在很大程度上依赖于此。

其一，选择合适的汇报模式。根据上司的个人习惯，可以选择“书面汇报为主”或“口头汇报为主”，如果上司是“读者型”的，那么他可能更愿意看书面报告；如果上司是 “听众型”的，他更想听你口头叙述。因此，为了工作效果，选择最有效的方式向领导汇报工作。

其二，选择合适的内容进行汇报。根据上司的性格选择是“紧扣重点”或是“全面覆盖”，性格外向、善于交际的领导往往对工作内容的具体细节不那么关心，他只想得到最重要的内容。而对于“读者型”的领导，他们可能比较关心细节之处，所以涉及内容要面面俱到。

其三，汇报时切忌罗列太多数字或使用含糊不清的词语，比如“大约”“可能”等。如果需要用数据资料说明问题，要注意选择最重要、最能说明问题的数字，过多的数字只会造成内容混乱，不能达到汇报的效果。汇报者最好是把数据分析后得出的结论汇报给上司。

其四，要懂得掩饰自己的不足。如果你性格内向不善交流，最好把书面报告写得完美一点，待领导看完时回答他的疑问就好。如果是口才较好的人，可以发挥自己的长处，口头汇报让上司看到你的能力。

（3）注意事项

职场人士在向上级作汇报的前后需要注意的事项如表 4-5 所示。

表 4-5 汇报工作的注意事项

注意事项	具体内容
准备资料	在汇报工作之前，将汇报过程中要用到的书面报告、相关信息资料和附件等都要准备好，以免到时拿不出，给领导留下不好的印象。另外，文本的格式最好采用公司规定格式，这样才符合领导平时的阅读习惯
整理仪容	男生最好穿着正式一点，头发干净清爽，切忌邋遢；女生最好将头发绑起来，显得干练，切忌浓妆
控制时间	在汇报工作之前应事先了解一下领导接下来是否有其他安排，以此来控制汇报的时间
规范行为	汇报之前，先问候领导，待领导说可以开始了，然后开始汇报，不可自作主张。不请勿坐，保持良好的站姿或坐姿，用规范的手势递接文件资料。离开时注意采用退步转身的姿势，出门后转身将门轻轻关好

4.2.5 如何对上司说“不”

在人际交往中，最难的就是拒绝他人，因为拒绝他人可能会激发矛盾。那么在职场中，面对上司的要求，无法做到或不想去做时，该怎样拒绝才不会得罪上司呢？下面来看一个案例。

小王的部门新来了一位经理，他从国外留学而归，思想新颖、想法大胆，提出了很多不错的方案，提高了营业额。这天部门开会，经理提出了一个关于整组改变企业结构的方案，大力提高人力资源的利用率。这件事在开会的时候引起了大家的强烈讨论，会议结束后，经理将这个方案的实施交给了小王。小王很为难，因为根据公司的现状，这个方案是不会通过的，而且会引起巨大的反弹和同事的抱怨，但碍于领导的指示，又不好拒绝。小王思前想后，对经理说：“现在部门手头的事较多，等处理好眼前的事再实施。”等到有关部门对新方案作出反应后，小王将各部门的意见汇总，得出结论并做了一份报告，提出了一些修改建议，请经理指示，得到了经理的赞许和肯定。

上面的案例中，职员成功拒绝了上司的要求，并且没有引起任何不快，还让领导留下了深刻的印象，可见拒绝上司也是需要技巧的，技巧决定了事情的发展。那么具体有哪些方法呢？

时机和场合。什么是合适的时间呢？即上司不那么忙的时候或心情好的时候。什么是恰当的场合呢？最好是私下里在上司的办公室以口头形式当面解释，或以邮件的方式将自己的建议发送给上司。

可用反问法委婉拒绝。比如公司推出了新产品，小王提交了宣传方案给经理，可是经理的想法与小王不一致，要求小王重新制作，小王是这样拒绝的：“经理，请问新产品的宣传最重要的是什么？”“当然是用最直观的方法推出产品。”“那么为了让消费者了解新产品，方案太有新意、太含蓄是不是会妨碍到功能的表达？”“……”“经理，这次的新产品推出，我的拙见是放弃创新、直接为好，不知道您的意见是？”这样一句句反问，步步推进，最后顺利地达到了拒绝的目的。

用“三明治”模式迂回拒绝。在拒绝上司时要避免直接拒绝这种无礼粗鲁的方式。可采取先肯定、再否定、后安抚的模式达到拒绝的目的。首先积极肯定地回答，“是的，可以，我们能做……”；再否定过渡，“但可能需要一些时间，恐怕需要其他部门的配合，现在人手不足……”；最后用积极的话安抚对方的情绪，“不过我们会想办法解决，等设备完善后应该就能做了……”。

暗示。当上司做出的决策你不认同或不接受时，可通过言语暗示上司，借用他人的看法表达你的想法，比如“同事都说最近业务多，可能这个方案执行起来难度大”，这样上司自然能领会你的意思。

拖延。对上司的决策不太认可时，不要马上付诸行动，造成不可挽回的后果，但也不用马上拒绝，可先默认，过后再以业务繁忙拖延一阵，寻找解决的办法。

注意态度立场。态度要诚恳谦和，不要直接站在上司的对立面去拒绝他，立场对立了，交流就会产生矛盾，是十分错误的方式。

4.2.6 接受批评，不犯三次过错

在工作上出差错是难免的，尤其是职场新人。如果因工作纰漏被上司批评，不要觉得太委屈，要摆正心态，当作学习的过程，切忌心有怨气，自暴自弃，甚至忽视工作。如何对待批评决定你的进步空间。

在接受上司批评时的应对技巧及注意事项有哪些？如下所示。

◆ 事后提交报告

在接受上司批评后，努力改正错误，可多做一步，就是将此次问题的起因、经过和解决方法做成报告，算是工作总结，汇报给上级，上司一定会对你另眼相看。

◆ 虚心接受，不要敷衍了事

在上司提出批评后，要马上改正并且付诸行动，不要当时听过后就放在一边满不在乎，或是接二连三地犯同一类错误。长此以往，领导会放弃对你的培养，同时你也失去了晋升的机会。

◆ 不要过多解释

在受到上司批评时，各种解释、找理由，只会让上司反感。对于企业老板来说，不找借口是执行力强的表现，这时候上司更看重的是你是否谦虚接受并及时修改。无谓的解释是没有必要的。所以如果真有错漏，且自己不是主要负责人，可向上司稍微提起责任的主要原因不在于你，一次就行，点到为止。

◆ 不要乱发牢骚

牢骚过多，不能受委屈的人是不适合在职场生存的。如果领导一批评你就牢骚满腹，只会让领导认为你不通世事，批评不得，他会考虑是否继续用你。

上司是有威严的，不愿被人随意顶撞，如果连批评员工都是不服气的态度，会让老板下不来台，以后不会再想与你交流，就不要想着升职了。

◆ 当面顶撞是下下策

职场法则重要的一条是“不要当面顶撞上司”，顶撞上司最不可取的方式，极有可能激怒上司，造成无法收拾的局面，而且对公司的影响不好，很可能当即就被“炒鱿鱼”。所以委屈也好，批评也好，冷静是第一要素。

4.2.7 对上司提建议时要慎重

在工作中，要想提高工作效率，不仅要完成必要的工作内容，还要善于发现工作的不足和可以改善的地方，当需要向上司提出建议时，不仅要有勇气，还要注意方法和策略，以达到改善工作环境的目的。首先要知道 5 个基本原则，如表 4-6 所示。

表 4-6 向上司提建议的 5 个原则

基本原则	具体内容
因人而异	多花时间在领导身上，了解领导的脾性是提建议的前提。性格温和的领导，提意见当然就容易多了，只要做到态度谦虚，内容有理有节，就没有大问题；如果是固执的领导，那么只有两个选择，要么永远不提，要么多费功夫找到他能接受的方法
及时	对于有预见性的建议一定要在项目进行前提出才有作用，否则不仅影响工作效率，还有“事后诸葛”的嫌疑；项目出现变故，尤其在金融领域走势瞬息万变的情况下，及时提出建议，改变方向，若是负面效应已经出现时才提建议，则建议已经无效
私下提出	一能维护领导尊严，二能给上司理性思考的空间，三能让上司对你印象深刻
可行性	提建议的重要前提是建议可行，除非你对自己的建议非常有信心，否则不要轻易向领导提出，如果你的建议是领导考虑到的，反而达不到该有的效果
适度	一次只提一个建议，一个建议只提一次，不要纠缠不休，时时询问领导是否接受，这样会让领导有压迫感，甚至反感你提的建议，不加采纳

提建议是一件再简单不过的事，但如何让领导接受你的建议就不

得不注意技巧了。

陈述利益。企业以营利为目的，提出建议时重点讲述建议实施所带来的利益，这样才能打动上司，让他仔细考虑你的建议。

换位思考。提出的建议正好能解决领导此时最关心的问题或最想解决的事情，这样不仅提高了建议被采纳的可能性，还解决了领导的难题，让他对你青睐有加。

案例支撑。在提建议的时候，用已有的企业做案例，增强自己的说服力，领导也更有兴趣。

专注自身。每个工作岗位上，每个员工的工作职责不同，也只能根据自己工作范围中出现的问题提出合理的建议，再好的建议也不能超出自己的职责所在，否则属于越权行为，这是职场处事的大忌，会引起领导和同事的不悦。

礼仪周全，态度谦逊。提建议时注意态度和措辞，要用委婉、商量的口吻，态度要温和有礼。不要用“你应该”等不符合下属身份的语气，或是“当然”“绝对”等过于自信的话语。

4.2.8 与上司沟通要注意的禁忌

在职场交往中，与领导沟通是必然的，领导会根据工作问题下达指示或询问工作进度，懂得和领导进行高效沟通，才能让领导对你有好印象。但有些时候，我们的表现是不懂如何沟通，处于尴尬境地。所以在与领导沟通时要了解如表4-7所示的这些职场禁忌，这样才能有效地与上司沟通。

表 4-7 与上司沟通的禁忌

禁忌	具体内容
表达模糊	与上司沟通时前后矛盾，语言混乱，会给人没有用心的感觉，而且不清楚的对话会耗费多余的时间，让领导产生急躁的情绪
没有观点	沟通的作用是找到结果和办法，如果你只能阐述事实不能提出观点，那么沟通就是无效的，而且还浪费了时间
方式单一	想要上司注意到你，就要千方百计地找沟通的方式，不论是电子邮件还是书面报告，或是当面沟通，有沟通才有机会
情绪化	与上级沟通时要注意理性冷静，毕竟沟通的内容是有关工作的，情绪化只会显得你不够专业

那么有哪些话是在与上司交流时经常说的和不能说的呢？如表 4-8 所示。

表 4-8 与上司沟通的常用语和禁忌语

常用语	禁忌语
“我们似乎碰到一些状况”，以委婉的方式传递不好的消息，既让上司了解情况，又不至于太过生硬和慌张，冷静委婉的态度是上司欣赏的	“不好意思，我不清楚”，听到这句话时领导的心情就不会很好，为领导提供信息、完成领导交代的任务是下属的职责。不知道不是理由，如果确实不知道，也应该回答“我马上查阅”
“我是这样想的，您的看法是……”，有观点有态度，有来有往才叫交流，这样的交流方式既承载了该有的信息，又能表达恰如其分的尊重	“您说行就行”，要么有奉承的嫌疑，要么就是态度敷衍，不管哪种都不讨喜，与领导沟通可方便领导了解公司状况，下属应积极地回应领导，多说多想
“其实，小王的建议也很到位”，这样说能向上司表达自己的团队精神，肯定你的工作态度	“为什么”，领导交代任务时，下属最好少问为什么，领导并不是为了回答你的问题而与你进行交流的，做自己该做的事，说自己该说的话

4.3 办公室待人接物的礼仪

办公室是企业办公的场所，遵守办公室礼仪是职场人士礼貌待人最直接的表现。办公室礼仪涉及个人举止、办公环境和公共设备等，办公人员应遵守礼仪，切忌我行我素，不遵守办公场所的规则。

4.3.1 办公场所不是私人领地

办公场所是属于大家的，办公环境的幽雅安静是要靠职员共同维护的，那么在办公场所需要遵守哪些礼仪呢？

◆ 办公室的卫生礼仪

保持办公桌的干净整洁，办公场所是公共空间，不能因为一个人的不注意而影响整体观感。不要在桌面摆放与工作无关的个人用品（玩具、装饰品和化妆品等），看起来杂乱无章，最好每天下班时用纸巾擦拭桌面保持整洁。

清理掉无用的东西，无论是垃圾还是无用的资料、过期的文件，都要定期清理，文件柜一月一次的清理频率较为合适。计算机的屏幕、鼠标和键盘的清洁要时常进行，不然很容易见灰。

◆ 办公室的环境礼仪

办公室的环境靠大家共同维护，主要要注意以下几个方面。

禁止吸烟。不要在办公场合吸烟，如果公司有吸烟区可以去吸烟区，如果没设立，可去卫生间或楼道吸烟，以免影响到同事的正常办公。

禁止喧哗。公共环境要求安静，这样大家做事才能集中注意力，如果在办公室大声喧哗只会引起别人的不满。

节约水电。要注意不要浪费公共资源，在卫生间时不要浪费水和卫生纸；下班离开办公室前，使用人应该关闭所用机器的电源，最后离开办公区的人员应关闭电灯及室内总闸。

不要在办公室吃零食、吃饭。一是吃东西发出的声音很不礼貌，二是食物散发的味道会影响办公环境，如果整个办公室都弥漫着饭菜味，大家还怎么办公呢?

◆ 办公室的举止礼仪

不要在办公室做不合时宜的举止，一举一动都要大方得体才行。

①不在办公室内打电话。办公时尽量不要接私人电话，如果是较长时间的工作谈话，应立即到办公室外接打。

②离开座位时，要将座椅轻轻推回桌内，以免挡住过道给同事带来不必要的麻烦。在坐下时，也要注意轻轻拉开座椅，慢慢坐下，不要发出声响。

③递交物件时，要注意遵守一般的规则，比如递文件时，要把正面以对方的阅读方式递过去；递剪刀时，要将利刃的方向朝着自己递过去；递钢笔时，要连笔套一起递给对方。

④走在办公室外的通道或走廊上时要放轻脚步，不要打扰到其他人。

4.3.2 办公用品不能只考虑自己方便

办公用品属于公共财物，公司职员都有责任爱惜，在使用时要讲究一定的规范和礼仪，不能太过随意，只图自己方便，不考虑其他同事的感受。

用完放回原处。办公用品不是私人物品，大家有使用权，但没有占有权，完成工作所需就应该立即放回原处，以防别人需要使用时找不到。

不要公器私用。既然是办公用品就该为办公所用，不能私自使用或做与工作无关的事情。比如用办公室电话打私人电话，如果长时间占线，影响别人的工作。

办公设备先来后到。由于办公设备（空调、传真机、打印机等）使用频率和人数相对较多，如果不注意礼仪规范就有可能产生一些争执，所以要注意如表4-9所示的礼仪规范。

表4-9　办公设备的使用规范

办公设备	使用礼仪
空调	办公室的同事可能对于温度的感受各不相同，有些同事希望温度设置低一点，有些同事希望温度设置高一点。意见不一致时，要注意空调是公共设备，不要凭个人感受随意设置自己想要的温度，不顾念他人的感受，最好就是折中，大家将就忍让一点
传真机	使用传真的人较多时，要自觉排队，先来后到。如果自己的传真文件较多，而你身后的同事只有一两页，可先礼让于他； 在使用传真机后发现传真纸用完了，应及时更新，不要自己用完后就甩手离开； 传真机出故障的话，及时打电话给维修人员修理，以免空置在那儿，影响下一个使用者的工作； 使用完毕后，带走自己的资料，不要遗留在那儿占用空间，给别人带来麻烦
复印机	不要在公司复印自己的私人资料； 注意随时更换碳粉和卡纸，材料不足时要及时补充或报告； 使用完后，将复印机设定在节能待机的状态
电脑	使用计算机时，先开显示器等外设，后开主机；关闭计算机时，先后顺序则相反； 关闭计算机后，务必关闭电源插座再离开；注意散热

4.3.3 节俭办公使你更受欢迎

作为企业员工，在工作时要注意节约企业的公共资源。如今社会提倡节能减排、绿色环保，企业也一样，以节约经营成本为基本理念，主要从表 4-10 所示的内容入手。

表 4-10　办公室节俭内容

节约内容	方式
节约用水	用完水后，要检查水龙头是否关紧，严禁滴漏； 洗手或洗杯子等用少量水，不可让水一直在流； 发现水管等有滴漏的现象，要及时通知维修部门，不要事不关己没有作为
节约用电	白天光线充足的情况下，办公室不开电灯，尽量采用自然光； 公共过道、卫生间的电灯根据需要开启并随手关闭； 个人设备如计算机、台灯，公共设备如打印机、饮水机和电灯等下班时关闭，并切断电源； 开空调时不开窗，将空调温度控制在合适的范围内，办公室无人时应关闭空调
节约用纸	尽量做到无纸化办公，可使用电子邮件、QQ 等工具进行资料的传输和复制，减少办公用纸； 打印之前确认自己的文件格式、内容正确无误，以免因为错印而浪费纸张； 使用过的纸张，不必马上丢弃，可正反两面使用； 公私分明，避免因私人问题使用公司的纸张
节约通信费	在拨打电话时，公司内部尽量用内部专线，可为公司节约通话费用； 工作电话言简意赅，不要唠家常，延长通话时间
节约公共资源	如果公司楼层或所在部门在 3 楼以下，尽可能不搭乘电梯； 使用公司专车时不办私事，了解路线不要跑错路，浪费时间浪费油费

要做到节俭办公，除了一些具体的方面，还有哪些小细节是需要我们注意的呢？如下所示。

- ◆ 文件袋、档案袋尽量反复使用，不可用完即扔。
- ◆ 使用回形针、大头针和订书机取代胶水。

◆ 办公用笔多为签字笔，不要一次三两支地使用，等墨水用尽后再换下一支。

◆ 废旧报纸、旧电池和废弃的文印纸张等，不要乱扔，先储存起来，一次性集中回收。

◆ 职场人员尽量用自己的杯子饮水，不使用一次性纸质水杯。

4.3.4 开门、关门其实有很多学问

在职场中，开关门虽然只是一个不起眼的动作，但是，根据公司场合的不同，开关门的基本步骤也会不一样，礼貌进出别人的办公室有以下 4 个基本步骤。

敲门。手指弯曲用中间关节轻敲 3 下，如有门铃则轻按一下后等待，不可没完没了地按铃，或是用拳头、手掌敲门，这些是极其失礼的。有人回应后，得到允许再开门进入。

开门。门把手对着左手时，用右手开；门把手对着右手时，用左手开。

挡门。如果有随行的同事或客户，侧身用手或身挡门，留出入口，请对方先进。

关门。面向屋内，轻轻拉上门。

由于员工的办公室大多在比较大的办公厅内，进出相对自由，所以开关门不要幅度过大就行。但由于人员流动较大，开关门的时候注意后面是否有人，如果有则要为对方留出入口。

由于办公空间较大，冬夏季时空调的耗能较大，所以注意随手关门，不要肆意敞开。如果加班，最后一个离开公司的人要检查办公室的安全情况，同时记得锁门。

由于洗手间是较为私密的场所，在进出洗手间的时候要注意尊重别人的隐私，不要随意地开门，以防门栓损坏造成不便。在使用之前先轻敲门，没有回应再开门进入。一般用完洗手间出门时虚掩门扉即可，以方便下一位使用者。

职场加油站

如果看见领导在你的前面，要立即上前主动为其开门；男士和女士一起通过时，男士应主动开门让女士先通过；遇到可双面打开的门，先让客户或职位较高者先通过；门朝外开客先入，门朝里开己先入。

4.3.5 出入电梯，细节体现个人素养

电梯是办公楼中的基础设施，这小小的公共空间是检验职场礼仪的一个重要场合，在乘坐电梯时应该遵守哪些礼仪才不会影响他人呢？如表 4-11 所示。

表 4-11 电梯礼仪的基本内容

电梯礼仪	内容
等电梯靠右排队	等电梯的时候，一定要有序地靠右侧排队。不要围在电梯周围，给即将下电梯的人造成不便。上下有序，先让电梯内的人出来再进去，不要电梯一开就冲进去
为他人挡门	如果刚好站在电梯门边，后面陆续有人进入电梯，为防止电梯门关闭，可用手挡住电梯门方便他人进入
不要在电梯内喧哗	如果在电梯内遇见相熟的同事可以寒暄几句，但要控制自己的音量，不要大声喧哗，给他人造成干扰；也不要在电梯里放音乐，电梯内部是一个封闭的空间，稍微有一点响动都能听得很清楚，外放音乐会打扰到其他人

续表

电梯礼仪	内容
不要超载	上下班时，电梯里面的人比较多，先上的人要主动往里走，为后面的人腾出地方，后上的人要注意不要超载，当超载铃声响起，最后上来的人要主动退出等下一趟
忌我行我素	电梯空间狭窄，不要靠着墙把脚伸得很远，女士不要随意甩长发，容易打中别人；每个电梯按钮都有它的功能，随意按电梯按钮会造成很多麻烦，比如一直停着，或每层楼停一下，而又没人上下

对于职场人士来说，电梯礼仪最不能放松的可能就是与上司同乘同一部电梯，出现这种情况时职场人士应该怎么做才不会失礼呢？

◆ 同上司同乘电梯，注意谈话内容

除了必要的问候，不要随意开口，一般由上司来打破沉默或发起话题比较好，避免打断上司正在思考问题的可能性。如果老板问起工作情况，不要回报项目难处，可聊一些新进展或客户的基本情况。

如果上司跟你聊起家常，那你应该表现得积极一点，表示对谈话的兴趣，可适当幽默一些。对领导的关心要表示感谢，但要记住，不要在电梯里有第三者的情况下谈上司的家事。

◆ 同上司同乘电梯，出入时要注意

如果电梯打开，发现上司就在电梯里，应主动对上司问候。身为下属最好站在电梯口处，以便在开关电梯时为上司服务。如果上司先下电梯，要招呼“经理，慢走”；如果自己先下电梯，要向领导招呼“那我先走一步了”。

出入有人控制的电梯时，应让上司先进先出，把选择的权利让给地位高的人。出入无人控制的电梯时，应先进后出并控制好开关钮。如果电梯已经非常拥挤，那么应请上司先乘坐，自己等下一趟。

CHAPTER

05

会议管理，开一个成功的会

在解决企业各种销售、人事、行政等相关问题时，举行会议是一种基本的方式，各部门各职员可交流想法，传达上级的指示。无论是组织会议，还是参加会议，都应当遵守一定的礼仪规范。只有了解相关的礼仪，才能在组织会议时提高会议的效率，在参加会议时表现出应有的素质与形象。

5.1 组织会议，提前做好充足准备

作为职场人士，难免有时会被领导委派组织会议，会议的场所、文件资料、证件和座位次序都是会议开始前需要考虑的，只有将这些最关键、最常用的会务礼仪掌握清楚才能做好会议筹备，完成任务。

5.1.1 选择场所，为会议营造好氛围

在开始筹备会议时首先要考虑会议场所，即在哪儿举行会议。根据公司的要求、会议的性质和人数的多少选择一个各方面都符合的会议场所，做到仔细全面。

（1）场所的选择

在选择会议场所时，要根据实际情况考虑以下一些因素，以保障会议的顺利进行。

预算合适。会议筹备者要在公司规定的预算基础上进行会议的各项活动，将总预算进行分解，大概有场所、布置、设备和用品等，根据大致的预算选择得当的会议场所。

大小适中。根据参会人数选择会场大小，会议室太大显得冷清没有气氛，太小显得拥挤嘈杂，一般的会议室有 2 ~ 10 人、10 ~ 30 人或 30 人以上这 3 种，比较大型的也有 100 人左右的。

交通方便。会议场所最好要有停车场，方便参会人员停放车辆。会议时间较长（一天以上）的，尽量把场所定在参会人员所住酒店附近，交通方便，减少在路上的时间。

设施齐全。会场的照明、隔音、空调、通风、电话、扩音和录音等各种设备都要配备齐全。在会议开始前，要组织人员全部清查一遍设备，保证能够正常使用。

（2）场所的布置

选好了会议的地点，组织人员一般需要提前预约，然后在会议开始前布置会议场所，展现会议的主题氛围。主要从以下几个方面来考虑。

背景布置。可以用主题背景板、幻灯片屏幕或横幅来展现此次会议的主题，颜色、字体注意要美观大方，不可浮夸。

会议桌布置。根据会议要求的不同有几种不同样式的会议桌，如表 5-1 所示。

表 5-1 会议桌样式

样式	适合情况
圆桌形	使用圆形或椭圆形桌子适合比较轻松的会议气氛，参会者能清楚地看到彼此的表情、眼神，因而有利于互相交换意见。这种形式适用于 10 人左右的会议
口字形	口字型会议桌是用长桌或方桌围成的一个很大的口字形，适用于人数较多的会议
V 字形	把桌子摆成 V 字形可以使参会者更清楚地看到会议主讲人及幻灯片的放映，适用于产品研发、项目汇报等需要大家注意幻灯片的会议类型

名牌、茶水布置。要在会议桌上按座次顺序将参会人员的名牌一一摆放好，不可遗漏或错误排放顺序。对于茶水饮料，夏天最好用矿泉水，既不用添茶递水那么麻烦，也能照顾大家的口味；冬天最好喝热茶，普通的绿茶就行，以免有的参会人员喝不惯特殊口味的茶。

一般用品布置。在每个位置上都应放一些必要的用品，比如纸笔、卫生纸和会议资料等，方便参会人员使用。

5.1.2 会议文件，不可缺少的资料

召开会议是要进行各项工作的讨论，所以必须认真准备好会议所需的全部会议文件。会议文件按照其性质与功能，有以下几种分类。

- **主旨文件**：这是会议文件中最重要的，包括主题报告、主体提纲、计划草案和决议草案等。
- **议案文件**：通常是指需要在会议上提交审议或讨论的文件，包括各项提案及其说明等。
- **信息文件**：通常指记录和反映会议概况与进程的各项文件，例如会议记录表、会议简报等。
- **决议文件**：指直接反映会议结果的文件，如决策、公告和通知等。
- **事务文件**：主要用于会议服务，包括开会通知、会议细则、参会须知、日程安排和代表名单等。

准备上述各类会议文件时，均应由专人负责，并且注意文件格式要规范，数量合适，不要随意打印，以免泄露机密。一般会议需提前一周准备会议材料，那么，准备过程又是哪几步呢？

①随时关注会议的初定时间，合理安排准备材料的时间。

②将会议议题按重要性、类型等进行安排，根据会议议题有针对

性地准备会议材料。

③将准备好的材料按名称、主题、部门进行编号，然后写上名称，如“第二次销售部工作总结盈利数据材料”。

④将整理准备好的会议材料报给相应领导审批，让领导了解会议材料内容，若有修改意见，及时修改。

⑤会议材料确定后，按照会议要求以及参会人数确定会议材料的数量，进行打印并装订好待用。

⑥会议召开当天或前一天，应再次确定会议材料的数目是否缺少，或是出现页码颠倒、顺序错误及缺页等现象。

⑦组织会议的人员应在会议开始前，将会议材料放置在会议桌上，不能等到参会人员进场后才发放，耽误时间，破坏会议流程。

职场加油站

在准备会议资料时，要注意以下几点：资料要尽可能简洁，尽量用图表、数字说明问题；资料中要将问题的性质、原因和处理草案等分条款写清，以便阅读。

5.1.3 会议证件，进入会议的通行证

会议证件是出席会议的证明，是代表参会者身份、资格和权利的证件。使用会议证件的目的，主要在于会务管理，即识别身份、统计人数、维持秩序和保证安全。

会议证件通常分为下述两类。一类是出席证件，一类是工作证件。不同的证件要用不同颜色、字体、纸张进行区别。如表 5-2 所示。

表 5-2　会议证件的类型

类型	具体分类
出席证件	代表证。主要发给会议正式代表使用，是规格最高的出席证件，一般均应编号并贴有本人近照
	出席证。发给会议的正式出席者，持此证表示参加本次会议的资格。一般不贴照片，但应标明座次
	列席证。发给列席会议者，可以参会，但不享有正式代表所拥有的权利。列席证的格式与出席证相似
	来宾证。主要发给参会嘉宾，以表明他的特殊身份，来宾证的格式与出席证相同
工作证件	工作证。主要发给会议工作人员专用，上面均印有姓名、编号，有时还贴有本人近照
	通行证。主要发给配有汽车的单位或个人，供其车辆出入时使用，要求注明单位与车牌号

会议证件应包含的内容主要有：会议名称、参会者姓名、称呼（先生、女士或小姐等）、称谓（经理、总裁或主席等）、组织或公司名称以及会议印章。

会议证件一般要求美观、规范、实用和易于辨识。一般的小型会议与公司内部日常性会议，均无制作会议证件的必要。如果需要制作会议证件，则其样式主要有 4 种可供选择。

一是粘贴性标签式的证件样式；二是系带式证件样式（适用于大型会议）；三是带夹子的证件样式；四是台签式的证件样式。

职场加油站

大型会议应区分正式代表、列席代表、工作人员和服务人员等不同身份参加者的卡片样式。可将不同身份的参会者的证件用不同颜色区分开。

5.1.4 会议排位，大小型会议不同摆放

举行正式的会议时，组织人员会事先知道参会人员，通常需要根据掌握的资料事先排好座次。会议越重要，座次安排就越不能马虎随意，由于工作内容和会议规模不一，座次的安排也有所不同。

◆ 小型会议

举办小型会议时，由于参会人数较少，因此不必设立主席台，这种情况主要有两种排位方式。

圆桌式。圆桌式排位指在会议室内摆放圆桌，参会者围着会议桌就坐，而参会者之间的座次是有一定规则的，如下所示。

其一，以面门为尊，参加会议人员中地位最高的人就座于会议室大门正对之位，其他参会者在其两侧自左而右依次落座，注意不要越级而坐。

其二，依景设座，会议最高位的人背依会议室内的主要景致，如壁画等，其他参会者在其两侧自左而右依次落座。

第三，自由落座。适用于人数较少、氛围较轻松的会议，或是参会者身份、职位都大体相当的情况。

环绕式。即把座椅、沙发摆放在会议室的四周，一般安排为单个的座椅，通常来说靠门最远的位置为尊。

◆ 大型会议

举办大型会议时，一般都要分设主席台和群众席，其中主席台还分设发言席和主持人席。

会议进行中，为了让参会者听清发言，并且表示对参会者的尊重，发言席应当安排在主席台的正前方或右前方。一般而言，大型会议的

主持人不宜就座于后排，有 3 种选择：一是在前排正中央，二是在前排两侧的任一侧，三是按其身份进行安排。

在大型会议中，参会者一般都就座于群众席。组织人员可按公司、部门或行业等进行分别安排，跨地区的会议可按地区就座。群众席若以前后方向排座，一般以前排为尊。若会议要求不是很严，可采取自由择座的方式，不进行统一安排。

5.2 会议进行时，让沟通更有价值

企业举行会议的目的是议事，就企业的发展、总结和创新进行讨论、汇报和整理等。在会议进行中需要各位职场人士注意保持会议的纪律，大方得体地发言，灵活应对各种特殊情况，展现专业面貌。

5.2.1 会议主持，会议质量的领航员

会议主持是对会议流程的整体梳理，是对会议纪律的把控，会议主持人的礼仪素养对会议能否顺利进行有着重要的影响，因此，会议主持人应了解和具备基本会议主持礼仪，在会议进行时做到万无一失。

在会议开始前，会议主持人要做好充足的准备，根据会议的主题、目的明确会议的整体大纲、主要流程及开会的方式，可以通过纸质资料展示，也可通过 PPT 展示，更为直观。将整体的流程和要点上报给参会的最高领导，听取意见，确定最终流程后，准备相关资料，准时参会，有时可适当提前一点。

会议主持人要时刻保持自然大方的姿态，从走向主持位置到落座或站定等环节都应符合礼仪规范，具体如表 5-3 所示。

表 5-3 会议主持人的仪态姿势

仪态姿势	具体规则
走姿	主持人要保持步伐沉稳，目视前方，垂臂自然，展现出自信、专业的状态，根据会议性质掌握步伐的频率和幅度。主持一般性会议，步频要适中，步幅自然；主持紧急会议，可加快步频。切忌行走中步频过快或跨大步。如果因故来迟，不要慌忙地破门而入，应调整呼吸，轻轻推门，进门后快步到位，先向参会者道歉，然后立即开始主持会议
坐姿	坐姿应端正，腰背挺直，脖颈伸直，面视前方，双臂前伸，两肘弯曲轻放在会议桌沿，对称，呈“外八字”，切忌前倾或后仰
站姿	站立时要双腿并拢，腰背挺直，两臂自然下垂，身体不能晃动
手势	在主持时可根据需要或具体情况加入手势，但动作不能过大

在会议进行中可能遇到各种突发问题，这时主持人需要根据具体的问题随机应变，使会议顺利进行下去。

意见不一，发生冲突。主持人可请双方暂时停止发言，对双方进行安抚，随后重申会议规则，重提主题进行讨论。

讨论离题。主持人要及时接话切回主题，给予肯定，比如“王总的意见很有远见，可稍后讨论，现在就销售目标还有别的建议吗？”也可请离题者做议题的归纳或替其做归纳，在会议进行时限定各流程的时间。

争议不下。主持人可做主休会一段时间，将双方意见进行比较，进行不记名投票，或是提出新的意见，重申双方共同点和共同利益。

领导发言过于投入。主持人可在时机合适的时候打断发言，就领导的发言提出问题，当然问题与主题有关，最好是下一个流程的议题，这样不知不觉进入下一个流程。

会议超时。可根据大纲选择重要的议题进行讨论，限制发言人数及发言时间。

5.2.2 会议纪律共同维护

在参加会议时，职场人士要时刻遵守会议纪律，一定不能在会议途中随意打扰他人，否则不仅给会议进程增加麻烦，给同事领导留下不好的印象，而且会影响会议效果。那么在参会时要注意哪些会议纪律呢？

◆ 着装规范

会议室是一个比较严肃的场合，所以职场人士在参会时要注意规范自己的服饰衣着，不能像平时一样随意，要做正式规范的打扮，切勿穿着夹克衫、无袖衫或健美裤等休闲服饰。男士应选择深色的套装，女士可选择套裙或是款式保守的西裤，显示自己的庄重和职业化，符合会议场合的氛围。

◆ 会议纪律要求

职场人士要了解一些基本的会议纪律或禁忌，这既是对会议工作的负责，也是对领导同事的尊重，避免做出不合时宜的举动，引起大家的不快，具体如表5-4所示。

表5-4 会议纪律要求

纪律要求	具体内容
准时到场	开会时，不论自己是否要发言，专业的职场人士都应遵守时间的规定，准时到场，甚至提前到场做好会议开始前的准备。如果确实已经迟到，在进会议室时不必敲门，轻轻推门进入，不要发出任何声响，以免打扰到正在进行的会议的议题讨论

续表

纪律要求	具体内容
专心聆听	当他人发言时，要注意专心聆听，一是对对方的尊重，二是对工作的负责。要注意减少自己多余的动作，不要摇头晃脑、玩手机、反复看表或与他人交头接耳等，容易造成发言者的心理压力
手机静音	进入会议室后将手机调至静音或振动状态，在会议进行时手机突然响了是非常冒失的，不仅有不尊重参会者的嫌疑，还有打断讨论的风险，影响工作进度；也不要随意接听（拨打）电话，如有工作需要就到会议室外接听（拨打）
善始善终	会议结束前，一般不能随便离开。若有紧急事情需要离开，时间较短的话，应在不影响其他人的情况下离开。时间较长的话，应向有关人员说明原委，并表示歉意，再自行离开
发言明确	会议发言应简洁清晰、紧扣主题。切忌随意打断他人发言，更不能对同事进行人身攻击或出言辱骂
保持整洁	要注意正确使用会议室设备、设施，不要故意损坏，也不要私自带出会议室；保持会议室整洁，勿乱扔纸屑、垃圾，结束后将桌椅及设备等还原
有序退场	会议结束时，有序离开会议室，不要全部挤在门口，可等其他同事离开后，再慢慢离开

5.2.3 如何在会议中得体发言

身为公司职员，免不了要在开会时发表自己对工作、公司和项目的看法，那么在正式场合怎样才能做到得体发言呢？可从以下 4 个方面入手。

（1）发言时机

对于一般的公司会议，什么时候发言显得尤为重要，不懂得选择合适的时机容易造成尴尬的局面，比如分不清停顿，在他人还未发言完毕就抢先发言，或是同事刚发表完意见，就马上提出与之相反的意见，容易造成误解。一般发言有以下3种最佳时机。

①根据参加会议的人数或会议的总体时间而定，尽量在1/3的时间段或人数之前发言。最先发言容易考虑不周，难以准确表达自己的看法，不能引起领导的重视。而最后发言容易重复别人的观点，而且会议进行到最后大家都比较倦怠了，难以思考出有新意的想法。

②会议冷场时，应谦虚积极地发表意见，然后再争取第二次发言的时机。一般来说如果开会时出现冷场，说明讨论进入瓶颈，发言有难度。此时发言即便观点不怎么惊艳，大家也不会在意，重要的是解决眼前的困局。

③争执过后发言，由于前面有争执，大家的状态比较激动，难以冷静，此时发言可缓和气氛，也可对刚才的不同观点做一个清晰的分析和总结，大家也能接受。

（2）发言内容

发言要注意开门见山，有条有理。直接的开场白，清晰的观点陈述，这样的发言内容才有让人认真聆听的想法。

注意主题。发言内容要与会议要求的主题和提纲吻合，不要乱说一通，让人不知所云。

突出重点。在发言前先将自己的观点抛出，再围绕观点展开讲解具体内容，这样能够避免内容冗杂而不知不觉地跑题，讲不出要点。

高度概括。在发言时，将自己要表达的内容概括成几句话，不必面面俱到，长篇大段的表述只会让人产生疲惫的感觉，反而影响表达效果。

（3）语音语调

在发言时要求声音低沉有力，女性一般声线较细、声调较高，所以尽量采用有节奏的语调进行发言。当然，在发言时还有一个影响语音语调的客观条件，即会议室的大小。如果会议室较小，人数较少，那么发言者只需注意周围的人能够听清就可以了。如果会议室较大，让离你最远的人听清为基本原则。

（4）肢体语言

在发言时，可以伴随着一些肢体语言，帮助表达和渲染氛围，但要注意肢体语言幅度不要太大，否则容易影响旁边的人。

如果遇到需要向大家解释某个观点的内容，可将一只手自然地放在一边，另一只手手心向上，微微抬起，显得坦白而真诚。切忌双手紧握或双臂交叉于胸前，这种姿势给人拒人于千里的感觉，不利于沟通交流。

5.2.4 会议中，发言紧张怎么办

职场人士在开会时当着大家的面发言难免会紧张，导致发言语无伦次，被人笑话。虽然完全消除一个人的紧张感是不可能的，但是也有一些小技巧能够帮助顺利完成发言。

◆ 准备充足

充足的准备是开会的基础，只有清楚自己要说什么才不会在发言过程中支支吾吾，找不到话说，进而紧张不已。那么怎样准备自己要说的话呢？主要工作如表 5-5 所示。

表5-5　发言内容的准备工作

工作	具体内容
罗列信息	把打算在会议中提起的话题和建议都写下来，先不管顺序或是否切题，把想到的信息罗列出来后，一条一条分别写在便签上
便签分类	将便签分类，把属于同类信息的便签放在一起，不考虑便签的数量是否过多。如果某张便签不属于任何一个类别，可单独放置
选择重点	重新检查便签上的信息，将分类好的标签划出重点，选出2～3个最重要的内容，其余的全部舍弃。看看每一类的便签数量中选出来的重点内容是否过多，择其重点，取合适的数量
调整顺序	根据会议流程和主次关系，将每一类便签用数字"1""2""3""……"标出优先次序
有头有尾	容易紧张的人，在会议开始前，最好做一个发言的开头和结尾，将要说的话逐字逐句地写出来，以免因为没有准备而说不出内容。要注意，发言开头要概括一下主要内容，结尾则要对发言内容作一个总结
辅助工具	可在开会前制作一些用于提示发言的辅助工具，比如便签、卡片和PPT等，用单个的词语或简单的句子概括每条信息的内容，并写在辅助工具上

◆ 会前多交流

在开会之前的时间，可与参会同事多交流，分享彼此的建议和想法，一是开扩自己的思维，二是让自己对此次会议有个大概的了解，能增加自己的底气。互相交流能炒热会议气氛，化解紧张感，发言时会更从容。

◆ 熟悉会议

紧张来源于陌生，如果完全不了解会议的流程、参会人员和会议室环境等，难免无法很快融入，为尽快消除陌生和拘束感，就要熟悉有关会议的人和事，参会人员的部门、职位甚至性格可在私下多了解熟悉。尽量背熟会议流程，能清楚地知道一个环节后下一个环节是什么。

会议室如果在公司本部，可以在上下班时从外面经过看下整体布局，脑海里有个大概的样子。

5.3

会议记录，提高会议效率

会议记录是指在会议过程中，负责记录的人员把会议的要点和主要言论记录下来形成的文字资料。它可以为检查会议决议的贯彻执行情况、整理会议记要、下达与上报会议精神与总结工作提供依据。它的制作质量如何，直接影响其转化为档案的工作。因此必须确保会议记录的规范、严谨和完整。

5.3.1 避免会议记录“先天不足”

一般正式的会议都要进行会议记录，但有些经验不足的职场人士在记录时往往出现前后顺序颠倒、不分重点种种问题，导致会议记录的质量不高，没有参考价值。其实有些问题只要一开始做到位了，就能轻松避免。那么会议记录中有哪些常见的问题需要我们事先了解并解决呢？

记录不完整。对会议记录的内容不清晰，导致记录不完整，缺少基本的要素，比如会议日期、地点、主持人、记录人、参会人和发言人等。或者是有这项没有那项，比如有发言人无发言内容，有内容缺主题，有时间无具体流程等。

没有目录，记录凌乱。一般公司专用的会议记录本都附有目录，用于引导会议名称、各项会议议题和会议流程，也方便以后逐页查阅。如果没有专用的目录，可以自己根据需要进行制作，提高效率。一般的会议目录如图5-1所示。

会议纪要目录

编号	会议内容	时间	发言人	地点	页数	备注

图5-1

工作性质模糊。对于不同的会议主题应有不同的会议记录的侧重，比如公司销售部、行政部、采购部的会议记录就不能用统一的标准来进行记录，记录人员要用心考量，比如销售部重点记录销售策略，行政部主要记录规章变动或人事调整，这样在存档时才便于区分。

字迹潦草。作为会议记录人员，要注意自己的书写字迹不能太过潦草，最好使用签字笔等不容易晕墨的笔书写。当然现在很多企业都是无纸化办公，使用电脑记录，这样更方便，不易出错。

速度太慢。会议记录人员速度太慢，记录不及时，结果导致会议内容错漏百出。当然在记录的时候，我们没有办法一字一句地全部记录下来，所以要注意方式方法，在一句话结束后记录其中关键的词语即可，等过后再进行完整的补充，可大大提高记录的速度。

5.3.2 会议记录写什么，不让自己白写

会议记录人员真的了解会议记录的内容吗？真的清楚哪些内容是可以舍弃的，哪些内容是一定要记录的吗？为了避免花费多余的时

间记录不必要的内容，需要记录人员大致了解会议需要记录的内容，然后按规范做好会议记录。一般来说，会议记录的内容分为如下两个部分。

第一，会议的组织情况。包括会议的名称、时间、地点、参会人数和人员、缺席人数和人员、主持人姓名以及记录人姓名。

第二，会议的内容。这是会议记录的核心部分，分别由如图 5-2 所示的部分组成。

会议发言

要清楚地记录会议中的发言内容，首先要写明会议环节（意见提出、某个议题、结果讨论），然后写明发言人的姓名、发言内容，发言时间和通过的决议，必要时记下通过情况（如有多少人同意，通过率又是多少）。

会议动态

会议进行中的有关动态，记录人员也可择其重点进行记录。比如出现插话、冲突、反驳、笑声或冷场等情况，或是临时中断等重要情况。

会议结论

在会议要结束时，对会议做一个总结，包括议题、讨论意见和最后决议。有多个议题的情况，可将议题加以编号。决议事项也要逐条列出，记录表决方式和结果。结束时，主持人和记录人员在记录文件最下方签字，注明结束时间。

图 5-2

5.3.3 如何写高质量、不烦琐的会议记录

很多职场人士都遇到过做会议记录的时候不是觉得没什么可写，就是觉得写的太多，十分烦琐杂乱的情况。如何让会议记录的内容看起来充实但不啰嗦，而且实用性较高呢？首先要知道高质量的会议记录要遵循的 3 个原则。

匹配原则。会议记录的内容、主题、发言人和流程是互相对应的，比如“小王就如何加大采购力度提出……这在第3次讨论的环节获得80%的支持”。

目的原则。记录的目的是为了存档，方便日后查阅，用作参考，所以内容就需有参考价值，根据会议的总体情况，选择有高潮部分的内容重点标记。

负责原则。为了保证发言的可靠性，会议记录人员要将提出的观点落实到每个发言人身上，重视发言的对应关系就是提高记录质量。

一份高品质的会议记录究竟是怎样的呢？如图5-3所示。

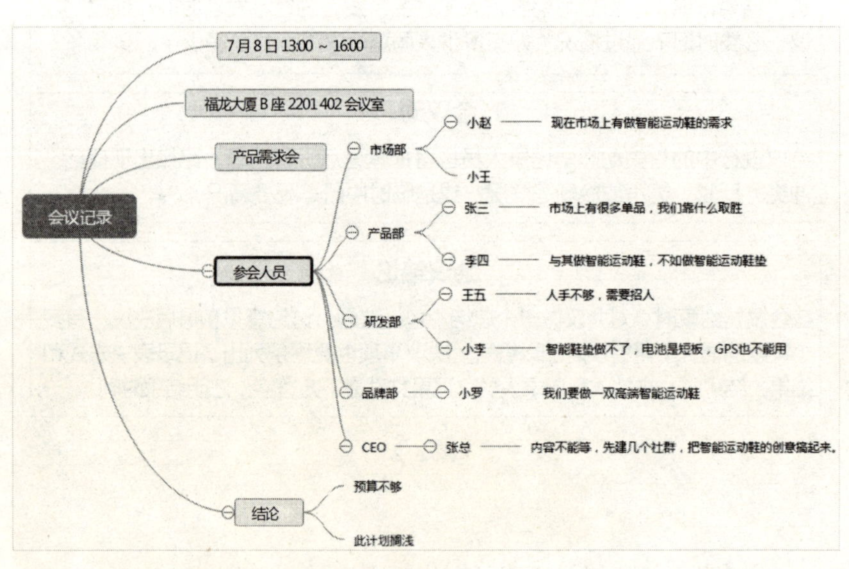

图5-3

做高质量的会议记录还需要注意一些小技巧，可大大提高记录质量和效率，具体内容如下所示。

- 重复的话不记，排比句不记。
- 不同发言人提出的相同意见不记。

- 开场白、结束语不记，与主题无关的内容不记。
- 要想记得快，字写小一些、轻一点，多写连笔字。
- 发散性观点不记，修饰语不记，只围绕重点因素记录（论点、论据、结论和人名）。
- 多用省略法，比如使用简称，省略句子中的附加成分，比如把上面提到过的公司名、人名写作“如上”。句子的后半部分用省略符号带过，过后补充。
- 相同内容用更简便的方法代替，比如单记姓或名，用英语代替复杂的汉字，善于使用符号代替语句（比如用“¥”代替钱）。

5.3.4 不要因会议纪要被炒鱿鱼

会议记录是对开会中讨论发言的实录，还有一类会议纪要只记录要点，并且在会后需传达或传阅给相关人员，要求贯彻执行。通常开会时都需要有专门的人负责会议记录，记好会议纪要应注意把握几个要点，首先是了解会议纪要的规范格式，只有符合规范格式的会议纪要内容，才能体现记录人员的工作素养。

会议纪要的规范格式主要分为标题、导言、正文和结尾 4 个部分。

标题。一般有两种格式，其一，在“会议纪要”4 个字前加会议名称，如“关于研发智能球鞋分组会会议纪要”。其二，以会议的主要内容命名，如“采购部采购现状分析会议纪要”。

导言。简要介绍会议概况，其中包括开会的主题和要求；会议的名称、时间、地点、参会人员和主持人等；会议的解决方向。

正文。它是对会议的主要内容、主要精神、主要原则以及基本结论和今后任务等进行具体的综合阐述部分。

结尾。一般提出号召和希望。根据会议的内容和结论，向参会人员和相关人员提出要求和希望。具体格式如图 5-4 所示。

某某公司办公会议纪要

时间：

地点：

会议名称：

出席人员：

缺席人员：

会议内容：

会议要点：

1.

2.

图 5-4

其次，在写会议纪要时，职场人员应该注意一些基本的原则，一是真实，如实记录，忌夸大其词；二是精练，将会议内容简化提炼，忌长篇大论；三是择其重点，用列举法一一列出即可。另外，根据会议性质、规模等不同，大致有以下 3 种会议纪要的写法可供选择。

集中概述法。把会议的基本情况、讨论的主要问题和参会人员的看法等，用概括叙述的方法，进行整体的阐述和说明。多用于小型会议，且讨论的问题比较集中单一、意见比较统一的情况，如果会议的议题较多，可分条列述。

分项叙述法。适用于议题较多的会议，用分项叙述的办法，把会议的主要内容分成几大项，然后再加上标号或小标题，分项来写。

发言提要法。把开会时具有典型性、代表性的发言加以整理，提炼出内容要点，然后按照发言顺序或不同内容，分别加以阐述说明。

接待谈判，创造双赢局面

身在职场，肯定对企业之间的各种商务交往司空见惯，无论是接待客户或是谈判都是商务交往的基本形式和重要环节，那么代表着公司形象的职场人士也应讲究接待礼仪和谈判礼仪，给对方留下好的第一印象，才能进一步展开交流与合作。

6.1 迎送客户，要以礼相让

企业在进行商务交往的过程中，接待客户是展现公司形象、规模及软实力的方式，接待工作要准备充足、热情有礼，接待人员的举止仪表、专业精神也应合乎规范。

6.1.1 接待工作，一切准备就绪

在企业接到合作公司或是即将要合作的公司前来拜访的安排时，应立即做好准备工作，以给客户宾至如归的感受。职场人士接到迎接客户的工作安排时，应积极认真地开始进入准备阶段。

◆ 掌握客户的基本情况

在制定接待计划之前，需要全方位地了解客户的基本情况，才能根据掌握的信息制定出更完美、更人性化的方案。

①了解客户此次拜访的人数和拜访人员的基本资料（名单、职位、性别、民族和宗教等）。

②了解拜访目的（寻求合作、进行谈判或私人交流）、性质（商务拜访、私下考察）以及特殊要求（指定要见什么人或要考察工厂等）。

③确定客户拜访的具体日期、为期几天、是否需要订酒店、是否需要订机票以及航班信息等。

④了解客户有没有特别的喜好和禁忌，以及需要注意的其他事项。

◆ 制订接待计划

公司一般会根据访客的重要性和访客的人数给出合适的预算，接待人员需要根据预算作出合理的接待计划，一般的接待计划内容如表 6-1 所示。

表 6-1 接待计划

计划	实施内容
资料文件	准备材料文件，将接待的基本客户资料、接待实施计划打印成纸质文档，交由相关接待人员，人手一份，全面了解此次接待工作，以备不时之需
人员分工	将负责此次接待工作的职员按需要分组，一般分为两组，一是接待组，负责客户的迎接，最好由一名主管领导，再加 1 ~ 2 名的主陪接待人员，根据对方人数确定次陪接待人员，主陪接待人员负责介绍、交流等工作，次陪接待人员负责机场接送、开关门、引路和开电梯等工作；二是后勤组，负责维持预算、酒店、食宿、茶水、活动安排、接待布置和礼品准备等工作，有一个主要负责人就可以了
食宿安排	首先是酒店安排，根据对方的日程安排确定是否需要预定酒店，如果对方当天往返则不需要预定，如果需要留宿则根据访客人数预定相应的房间即可，当然，领导的房间规格和一般员工的规格还是要有所区别；用餐方面有两种预备方案，可选择当地的特色饭馆招待客户，也可选择大众一点的饭馆照顾大多数人的口味
交通安排	事先预备好车辆的数量，根据人数多少选择用小车或是大巴接送
活动安排	根据客户的目的和要求，安排具体拜访内容，一般可按照先参观公司或工厂车间，然后会议交流，接着一起用餐，最后游玩旅游景点，进行娱乐活动等的顺序进行，具体情况具体计划
计划预算	根据各项准备工作，计算大体预算，若超出预算较多，可适当删减一些环节或降低原有的规格，以节约、高效为原则
上报审批	制订好接待计划后，及时上报企业领导审批，递交基本客户资料、接待计划和财物预算以供领导参考，得到上级领导的批准后，即可开始实施，必要时可告知客户已准备好接待项目，确定其是否接受

6.1.2 客户来访，热情引导

在接待客户时，负责迎接引导的员工是客户首先直接接触的人，所以尤其要注意礼仪，每一个小的细节都要让客户感受到热情与周到。

迎接客户一般从机场开始，迎接人员根据航班信息提前等候在机场，为了方便客户识别前来迎接的人员，可制作一块专门的接待牌，写明接待的客户姓名或公司名称。

迎接员工与客户见面后应热情主动地问候致意，比如“我谨代表某某公司欢迎您的到来”“您好，我是某某公司的小张，负责迎接您，一路辛苦了”，然后把客户的行李提到后备箱，请客户上车。在引导客户时，根据不同的情境应该遵守不同的礼仪规范。

①乘坐小车时，接待人员将手放于车门框上，打开后座车门，提醒客户小心磕碰，待客户坐稳后再关上车门，自己坐到司机旁边的座位上。到达目的地，接待人员先下车，再请客户下车。

②引导客户经过走廊时，有两种引导方式，其一是并排前进，一般以内侧为尊，接待人员走在外侧，稍稍走于客户一两步之前，配合客户的步调，保持正常的速度；其二是单行前进，接待人员位于客户的左前方为其引路。

③在没有电梯的情况下，引导客户上楼时，让客户走在前面；下楼时，接待人员在前面引导，客人走在后面。上下楼梯时，要注意客户的安全，提醒客户小心路滑、注意台阶等。

④乘坐电梯时，接待人员先进入电梯，站于电梯按钮旁方便操作，为客户挡住电梯门，等客户进入后关闭电梯门。到达楼层时，接待人员让客户先走出电梯，随后出电梯门。

职场加油站

迎接人员在引导客户时，要注意不要一直沉默无语，要适当地与客户进行交流，有些基本的交流问候之语是需要掌握的，比如与第一次见面的客户打招呼时，要注意除了要热情有礼外，应首先确认对方的身份，不要出现叫错名字的尴尬情况；在接到客户后，除了向客户介绍公司的有关情况外，最好不与客户攀谈，但对客户的提问不能拒绝，必须酌情回答。

6.1.3 迎客入座，礼貌周到

接待人员接到客户后，随即将客户引至接待室。那么关于入座的座次要求及顺序又有哪些要求呢？商务场合中，座次规矩的基本原则是：右高左低，前高后低，中间高于两侧。具体的要求如下所示。

面门为尊。采用“相对式”就座，以面门的座位为上座，离门较远，不易受到打扰，视野良好，可以看见整个接待室的面貌，应让客户就坐于此位，一般用于接待室或会议室。如图 6-1 所示。以远为上（远离房门为上）。

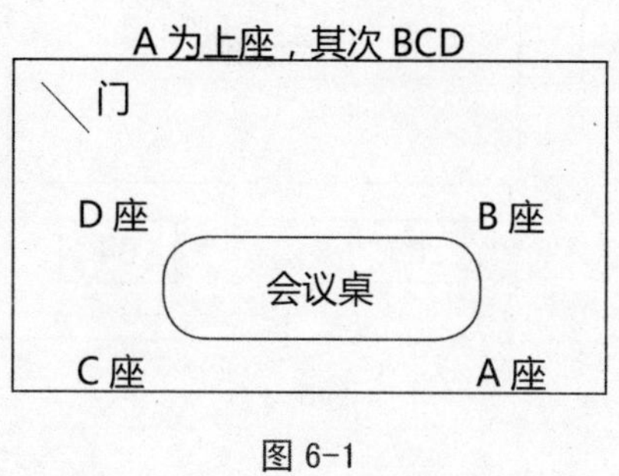

图 6-1

以右为尊。依照国际惯例，“并列式”排位是指座位面向大门并排而列，此时，以右侧为上，左侧为下，应让客户就坐于右侧座位。如图 6-2 所示。

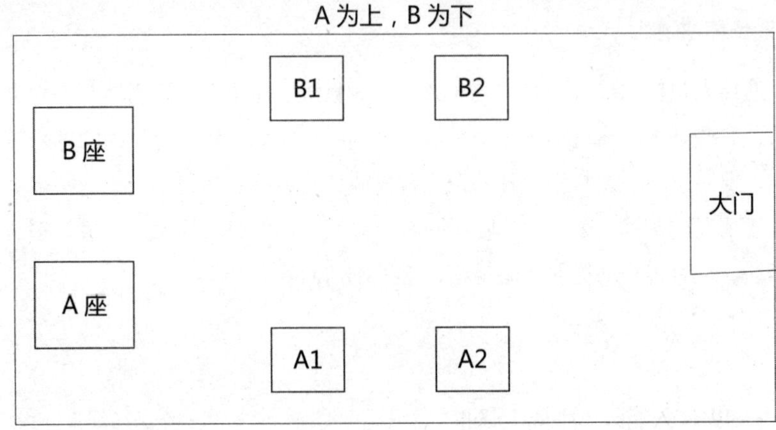

图 6-2

居中为上。即中间为高位，两侧为低位，适用于客户的拜访人数不多时，可将客户置于中间位置，公司内部人员置于客户两侧，如图6-3所示。

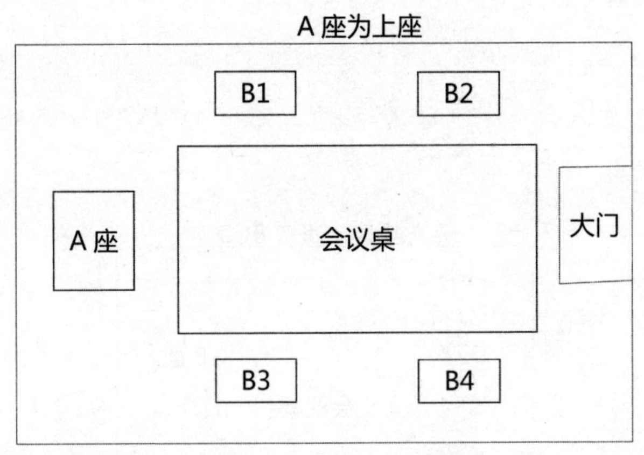

图 6-3

客户为上。在迎接客户时，如果客户还未等接待人员安排座位就自行选择位置坐下，这时也应按客人的喜好顺其自然，尊重客户的意愿为佳，不用刻意再请客户起身一次。

6.1.4 奉茶礼仪，手执一杯香茗

接待客户时，一般以茶待客，那么最基本的奉茶礼仪是不得不了解的。奉茶的时机要把握好，不要让客户等太久，最好在客户坐定之后，双方人员交谈之前奉上茶水，以表欢迎之意。

◆ 奉茶的方法

双手端茶从客户的左后侧奉上，要将茶盘放在临近客户的茶几上，然后右手拿着茶杯的中部，左手托着杯底，杯耳应朝向客户。

◆ 奉茶的顺序

奉茶讲究先后顺序，不可一次全部上齐，一般应为：先客后主；先长后幼；先女后男。

◆ 奉茶的细节

在奉茶的时候除了要掌握基本的奉茶方法和顺序，有些小细节也是不能忽略的，不多加注意，容易给客户留下不好的印象，具体的细节如图 6-4 所示。

茶具一定要干净，不能有污垢；不要用一只手上茶或用左手奉茶；切勿让手指碰到杯口；注意不要让杯子里的水溅出来；茶水要连同托盘一起端出，不能只端茶杯。
茶水通常不宜斟得过满，以杯深的 2/3 处为宜，茶叶以盖满杯底为宜。
水温不宜太烫，约 80℃左右，以免客户不小心被烫伤，如果是刚泡好的热茶要告知客户，请他注意。
要把握好续水的时机，以不妨碍宾客交谈为佳，不能等到茶叶见底时再续水，一般在客户的茶水还剩 1/3 时续水。

图 6-4

6.1.5 了解禁忌，让接待更人性化

在接待的过程中，除了注意每个环节的礼仪规范，还应了解接待礼仪中的禁忌，否则会引起客户的不满，降低接待的效果，影响之后的商务交往。

◆ 敷衍客户的要求

在接待工作进行中，如果客户提出了一些额外的要求，接待人员应尽全力满足，不要嫌麻烦而推脱，会让客户感觉受到怠慢，如果确实不能做到的，应向客户解释客观原因，并请对方理解。

◆ 冷落客户

将客户引进接待室后，留下客户一人在接待室干坐，这是十分失礼的行为。一定要保证在接待客户时，客户的身边要有接待人员为客户引路、介绍和交流等。

◆ 热情过头

凡事都要把握一个度，在接待时冷落客户当然不好，但如果热情过头，也会让客户不自在，没有片刻休息的机会。切忌在接待途中喋喋不休地讲话，或是与客户的距离太过接近，活动安排得太过繁杂等。

◆ 接待不对等

在制定接待计划的时候，要注意客户的级别是哪个层次的，如果对方是总裁，那么接待方一定要请出总裁级别的领导与访客进行交流，如果只是部门经理进行接待，当然会让客户不满，觉得不受重视。当然如果对方是个项目经理，也不需要己方的高层领导来接待。

◆ 错过时间

接待工作的重点就是时机的掌握，如果出现客户已经到了，而己方还未出发迎接的情况，是十分失礼的，而且是非常低级的错误，会

让客户怀疑公司的专业水准。所以一定要注意每个时间节点的把握。

◆ 频繁换人

在计划接待工作时，注意接待人员的安排不要过多过杂，也不要频繁地换人，比如机场接人是一个，公司楼下是一个，接待室又是一个，这容易给客户造成困扰，最好安排一个主接待人员负责全部流程，再根据对方的人数安排相应的次接待人员。

6.1.6 送客有道，结尾和开始一样重要

送客是接待工作的最后一个环节，所以尤为重要，这个环节出了差错，之前所做的努力和工作就前功尽弃了。在送客时接待方要向客户展现出依依惜别之情，并且表示期待下次会晤。那么送客的流程有哪些呢？如表 6-2 所示。

表 6-2 送客流程

流程	具体工作
接到通知	负责接待的人员接到送客通知后，立即做好送客的准备（最好事先已经计划好，到时按计划行事即可）。如果客户是当天往返，及时从所在地直接安排车辆送往机场；如果客户逗留了几日，则从酒店离开，要注意安排送客人员，检查客户的行李是否带齐等
表达惜别	当客户准备告辞时，接待方要表示惜别，用热情友好的语言与客户交流感情，比如“这次交流的时间太短暂了，我们相处得很愉快，希望尽快能有下一次的会面，祝您一路顺风”，如果没有任何表示，不仅失礼，而且给人感觉没有人情味
交通安排	在客户出大门时，要根据客户的人数，提前准备好车辆等候，将客人送至车站、机场等地方。送客人员要将客户送至机场或车站后，陪同客户等候登机，等客户按时登机后，再自行离开
后续	客户离开后，在一定时间内致电客户或对方公司，询问客户是否安全到达，以及对这次访问的感受、接待是否令客户满意和今后双方公司的合作可能等

在送别客户时，还需要准备的就是一些表达欢迎之意的礼品，小小的礼品能拉近与客户之间的距离，在商务交往中已经成了约定俗成的做法。赠送礼品要注意的一些细节是什么呢？

商务交往的礼品要在众人在场时进行赠送，要注意不能由接待人员将礼品递到客户手中，而应该由在场职位最高的领导亲自赠送。

在赠送礼品时，要双手奉上，以示尊敬，同时，要向客户简单说明礼品是什么，有哪些特别的地方，以及送礼的原因及用途。至于是否需要当众拆礼物，由客户本人决定，如果客户愿意当众展示一下，也是可以的。

职场加油站

赠送的礼品要认真包装，让客户感受到己方的诚意，不可草草了事，否则不管礼物是否精美，客户在拿到礼品时就没有兴趣了；赠送礼品一定要考虑对方的忌讳，了解客户的民族、宗教和户籍，以免出错。

6.2 注重礼仪，商务谈判更顺利

在商务交往中，商务谈判是竞争与合作共存的一项特殊交往，谈判双方具备良好的礼仪修养是商务活动中不可缺少的基本要求，也是谈判顺利进行的保证，更是谈判出现摩擦时的润滑剂，能够营造出和谐的谈判氛围。

6.2.1 优秀的谈判手要懂的礼仪

商务谈判的目的是解决谈判双方的矛盾，满足各自的要求，通过双方你来我往、沟通谈判，慢慢达成共识。作为一个优秀的谈判手不仅要业务娴熟，而且在礼仪方面也要不落人话柄，让对方公司感受到尊重与真诚，从而易于接受谈判结果。

（1）谈判开始前的礼仪

在谈判开始前，一个优秀的谈判手应该做些什么呢？除了准备谈判资料和提高谈判技巧，在着装方面，男士应面容洁净清爽，不要胡子拉碴，头发凌乱，最好穿深色三件套西装，或是白衬衫加素色条纹领带，再配深色袜子和黑色皮鞋。

女士最好不要披头散发，应选择端庄的发型，盘发或把头发绑起来，显得精神和职业。头发不要“多姿多彩”引人注目，不可化浓妆，也不能不化妆，素雅的淡妆即可。因为谈判室是一个比较封闭的空间，所以女士的香水不要太过浓烈，容易适得其反。女士可穿白衬衫，显得清新，也可穿着西装配套裙或西裤，再加上黑色高跟或半高跟皮鞋。

（2）谈判时的礼仪

谈判正式开始时，一个优秀的谈判手还应做到以下几点，才能让谈判事半功倍。

自我介绍。谈判开始后双方的谈判人员首先要作自我介绍，大方得体的自我介绍是良好的谈判氛围的开始。由主持人进行介绍，被介绍到的人应立即起身，微笑示意，可礼貌说道“幸会”“请多关照”等表示友好的开场白。

目光温和。在谈判时难免要与谈判对手相互注视，虽然谈判双方有利益的冲突，但不能直勾勾地注视着对方，目光不可过分犀利或是具有较强攻击性，这样非但不能缓和氛围，只会加剧矛盾。目光应游离于对方双眼至前额的三角区域，既让对方感受到被关注，又能传递己方的信息。

举止大方。由于谈判过程是不确定的，时间可长可短，所以谈判人员要时刻保持举止优雅，不能放松，这是一种职业精神，具体如表6-3所示。

表6-3　谈判过程的举止礼仪

举止	具体做法
坐姿	男士要注意，在穿单排扣西装时，落座后一般可解开自己的西服扣子，起身谈话发言时记住不要忘记将扣子系上，切莫因为嫌麻烦而敞开西装进行发言，是非常无礼的；男士落座后双腿分开，宽度小于肩宽即可，但女士要注意任何时候要双腿并拢，挺直腰背，显得优雅专业
站姿	站姿要挺拔舒展，收腹，嘴微闭，手臂自然下垂。正式谈判的场合不要将手插在裤袋里，显得很随意，也不要交叉于胸前，做出一种傲慢的姿态；男士通常两手相握叠放在腹前，放松自然即可，或将双手背于身后，两手相握，双脚不要分开太多，要小于肩宽；女士站立时要双腿并拢，穿衬裙时，双脚跟靠近，双脚分开呈“V”或“Y”字型
手势	做手势时要注意手心向上，不宜乱打手势或幅度过大，以免给人不专业的感觉

谈吐得体。解决问题的办法是提出问题，而不是对问题视而不见。发言后为对方留出发言的空间和提意见的机会，不打断、不说脏话、不进行人身攻击。

懂得倾听。优秀的谈判者一定是善于聆听的人，善于倾听不仅能更好地理解对方的想法，从中分析找到解决的办法，而且能展现尊重与重视，让对方表述的内容更真诚、更有用。

懂得幽默。谈判过程严肃认真，且极易冷场或起冲突，所以一个优秀的谈判者要懂得用幽默的话语缓和气氛，转移话题，比如“李总这么坚持我们还能说什么呢，只不过为了保证我还能见到明天的太阳，请李总再听听我的另一个方案如何？”

6.2.2 两人相向，握手为礼

握手在职场中是最常见的一种礼节习惯，一种肢体语言的表达方式，在初次见面时，上门拜访时，谈判签约时都需要与对方握手。但握手并不是一个简单的动作，是有严格的礼仪规范的，那么在与人握手时应注意哪些问题呢？

①如果在他人与你握手时，你是坐在座位上的，无论男女一定要立即起身，回应他人的礼节。如果因为客观原因不方便起身，应立即微微欠身，向对方表示歉意说明原因，比如“抱歉因为……不能站起来，很高兴见到你”。

②如果在有一段距离的时候就已经看到领导或客户了，最好自己主动迎向对方，在距其一米左右伸出右手，握住对方的右手手掌。

③握手时要注视着对方，有眼神的交会，不要目光散乱，给人不专心不尊重的感觉，专注即尊重。

④握手的同时微笑致意，温和地与对方打招呼，加上称谓会更好，让对方知道你是记住他的，比如“你好，王先生”。

⑤握手最恰当的时长应在 2 ~ 3 秒间，上下微微浮动 2 ~ 3 次，然后松开。握手应该是手掌对手掌，不要用指尖与对方握手，十分无礼。

⑥与他人握手时不要用力太大，或轻或重都有不同的含义，太轻容易传达犹豫与胆怯的感觉，太重易传达控制欲和压迫感。

在握手时容易出错的是握手的顺序，到底是由自己发出，还是等对方发出，一般情况下，讲究"尊者居前"，即由身份较高者首先伸手。具体情况如图 6-5 所示。

女士同男士握手时，应由女士首先伸手，如果女士没有伸手，可能代表并无握手的意愿，男士可点头致意或鞠躬致意。

年长者同年轻人握手时，应由年长者首先伸手，年轻人应立即回握。当年龄与性别冲突时，一般仍以女士先伸手为主。

上司同下属握手时，由上司首先伸手，下属随即回应。

一人与多人握手时，有两种握手的顺序，一是按由尊而卑的顺序，二是按由近而远的顺序。

接待客户时，不论男女，都应由己方首先伸手以示欢迎；送客时，一般由客户首先伸手，己方回握，表达致意。

图 6-5

职场加油站

与人握手时，如果不遵守特定的礼仪规范，会非常失礼，甚至给别人带来困扰。以下一些不礼貌的情况要尽量避免：用左手与人握手；用脏手、湿手与人握手；用双手与不熟的人握手；戴墨镜、戴手套与人握手，不过社交场合中女士可戴薄纱手套与人握手；交叉握手，即越过正在握手的其他人与另一人相握；与异性握手时间过长或一直不放。

6.2.3 谈判座次有要求，不可大意

商务谈判一般是由谈判双方所在的公司发起的，但具体的谈判地点视情况而定，如果谈判地点在己方公司，那么除了准备谈判的具体内容，还要安排谈判的相关事宜，务必要做到礼仪周到。

首先，安排谈判室的座次问题，安排座次的原则是“尊重、平等”，不要在座次安排上出现不对等或刻意打压对手的情况。实力相当的谈判双方若在一开始时一方就心有不满，一定会为之后的谈判带来不小的摩擦，阻碍谈判的顺利进行。

其次，根据谈判桌的形状不同，可将谈判分为长桌谈判和圆桌谈判。圆桌谈判对立不明显，意在表现合作的意愿；长桌谈判时双方面对面而坐，意在表现公司内部的一致性和团结性，方便互相传递意见和信息。一般来讲，商务谈判的形式多为长桌谈判，有如下两种情况可供参考。

双边谈判。正式谈判的场合座次要求非常严格，一般是面对门口的座位最具影响力，可让给客方。谈判开始前按双方谈判人员的职位高低情况摆上名牌，到时直接对号入座即可。谈判次序可分为横桌式和竖桌室，分别如图 6-6、图 6-7 所示。

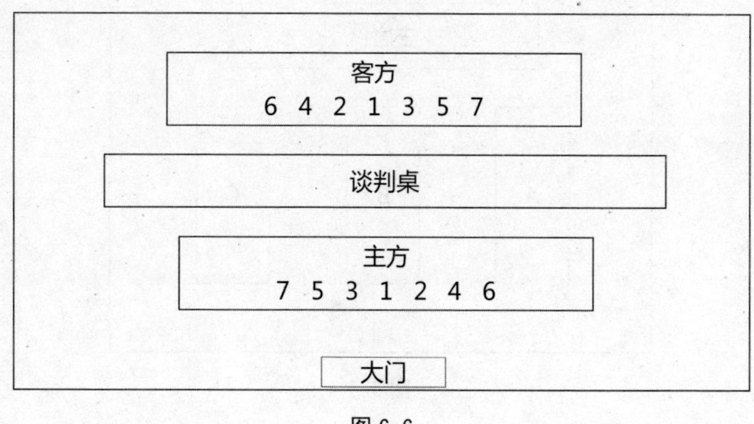

图 6-6

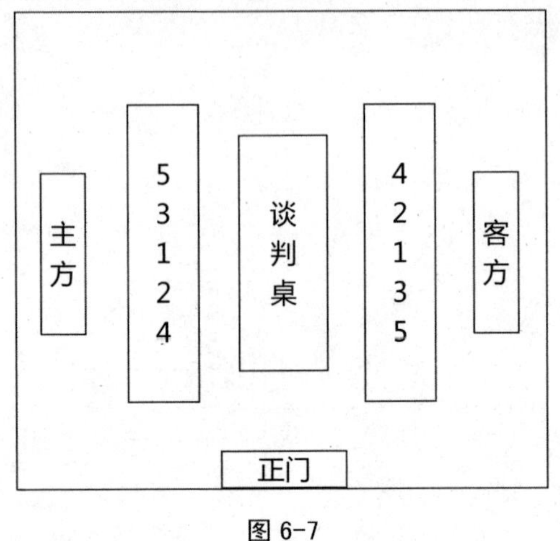

图 6-7

横桌式座次排列即谈判桌在室内横放，客方面门；竖桌式座次排列即谈判桌在室内竖放，进门的右侧由客方就座。双方主谈居中就座，其余谈判人员按职位高低先右后左，依次坐下。

多边谈判。一般由 3 方或 3 方以上的谈判者举行的，多边谈判的座次安排分为自由式和主席式两种。这里重点介绍主席式，一般面向正门设置一个主席位，用作各方代表发言，谈判桌竖向排列用作各方谈判人员进行谈判，如图 6-8 所示。

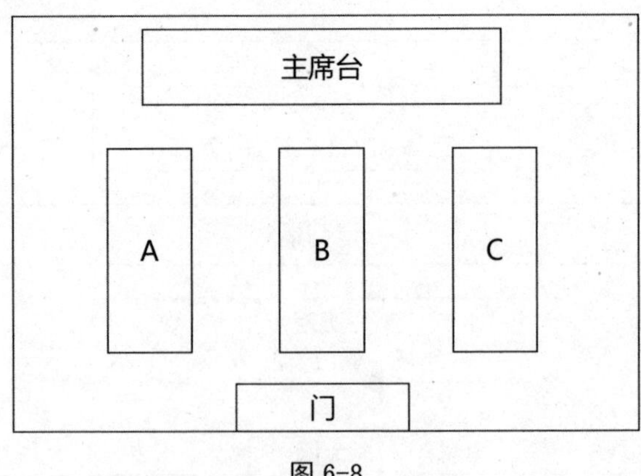

图 6-8

6.2.4 做一个有效率的谈判人员

在谈判中若久久僵持不下，双方难免心浮气躁，为了不影响谈判氛围，说出一些不合时宜的话，失礼于人，谈判人员要注重提高效率，那具体要怎么做呢？

◆ 从事实出发

要让对方接受己方的条件不是一件容易的事，谈判双方都在为自己的利益争取，所以需要找到让双方都无法左右的客观条件，以客观条件来迫使对方让步，比如政府规划、法律规定或交通不便等。

◆ 各退一步

一般来说，谈判过程是不能轻易让步的，让步不仅会损失利益，还有可能给对手机会，有促使其得寸进尺的风险，但有时为了平衡双方利益，打破僵局，也会做出让步以换取谈判成功的可能。

但作为一个优秀的谈判手在己方让步的时候，同时要提出让对方也让步的要求，并且己方首先让步，可趁机获取谈判的有利地位，提出这是最后一次让步，也是本公司的底线，将谈判的难题交到对方手上。

◆ 透露己方的优势

可在谈判时不经意向对方透露己方的优势，比如“昨天我们与某某化工厂也进行了谈判，虽然他们……但是……”，这样表达出不一定非要与对方进行合作的意愿。

◆ 不打心理战

谈判时明确双方利益需求和优劣势，直接进行谈判会更有效率，不必各自去猜测对方的心理价位，打心理战，既耗时又耗费精力，而且获取的利益也未必很大。告诉对方己方了解的情况，让对方明白，想利用信息差来获取额外的利益是没用的。

◆ 从无到有

如果对方提出的条件太过苛刻，己方已经无利可图，谈判人员也无需丧气，这正是开始扭转局面的时候，可坦然告诉对方，己方已无利可图，如果是这样的情况，签约对己方来说也是可有可无的，请对方定夺，这样能够迫使对方改变谈判的策略，引来转机。

6.2.5 谈判时，委婉拒绝也是一种礼仪体现

在商务谈判的过程中，谈判双方因为各自的利益肯定有很多不能调和的地方，如果遇到对方提出不合理的要求，己方不能接受，谈判人员可做合理的拒绝，但拒绝也是讲技巧的，过于直接会显得武断，毕竟之后双方还是很可能要合作的，正确的方法如表6-4所示。

表6-4 拒绝的技巧

技巧	具体做法
幽默法	在谈判中如果遇到不合理要求，为避免双方难堪，可用幽默轻松的话语否定或间接否定对方的提议。比如“对于你方提出的要求，如果我方全盘接受，并且再加50%的成本，你方肯定觉得可行，但是可能下个月我方就已破产了”
补偿法	商务谈判利益为重，要拒绝对方的要求也不是不可以，在拒绝的同时，给予适当的优惠条件作为补偿，那么对方也更能接受了。用作补偿的条件一定要是对方需要而我方又恰好可以提供的，比如某些信息、资源和服务（产品的售后服务、维修服务等）
借口法	在谈判中，对方要求过高，己方无法满足时，可用一些似是而非的理由来拒绝对方，这样既表明了拒绝的意愿，也让对方找不到突破口，促使对方妥协，比如“如果环保局相关规定下来的话，我们肯定能接受”“您提出的这个条件，我们没有权限，只能上报给上级领导做决定，如果首肯，我们当然无异议，不过公司的流程比较烦琐，可能时间方面来不及”

续表

技巧	具体做法
部分肯定法	抓住人都渴望被认可的心理，对对方提出的条件中非实质性的内容给予肯定，对于涉及核心利益的部分提出否定，比如“我方很赞同你方提出的创建科技厂的想法，但价格方面我们……”
提问法	面对对方提出的无礼要求，谈判人员可通过一连串的提问来达到间接拒绝的目的，比如“你方要求该项付款条件的依据是？”“你方与其他合作者也是这样签订合约的吗？”“这样签约你方觉得我方能得多少利润？”
条件法	在无法正面拒绝对方的情况下，谈判人员可提出一定的条件，如果对方能满足，那么己方也能接受，如果对方不能接受，那么相应地己方也不能接受，迫使对方重新考虑谈判条件。比如“如果你方能把合同年限延长至 5 年，我方可考虑免费送货，您觉得呢？”
分析法	通过一系列的客观情况分析，来指出对方要求的不合理之处，达到拒绝的目的，比如“你方提出的供货期限是 9 月 30 日，而现在已经 8 月底了，物流要 10 天左右，生产第一批也要半个月，采购原料需要 7 ~ 9 天左右，恐怕……”

6.2.6 签约礼仪，把好最后的关

商务谈判的最后环节就是进行签约，达成合作意见，是一个非常严肃的场合，因而礼仪的讲究会比较多，包括各项准备工作和现场签约的流程等，那么有哪些细节是需要职场人士注意的呢？

（1）准备签约文件

谈判结束后，谈判双方应安排相关人员负责签约文件的准备，包括待签文件的正文、附加条款、翻译和校对等。除了要准备签约的正式文件，还要准备各种批件、许可证和证明文件等，还要对各类文件进行审核，要一字不错，如果在审核过程中发现一些错误，要及时通

知有关部门，并做相应调整。

根据签约的合作方数目准备相应数目的签约文件，签约文件的格式是非常严格的，必须符合双方的要求，内容完整、用词准确且数据正确。在准备签约文件时，有些注意事项需要负责人员了解。

- 签约文件的法律条款一定要符合国家相关规定，不可制造法律漏洞侵占他人权益，当然也要充分保障自身的合法权益。
- 商务合同的签订除了一般的法律法规，还需遵守一些商务交往的惯例，来解决各项法律之外的事宜。
- 准备签约文件时，专业内容一定不能出错，比如一些职业技能、金融知识和保险常识等。
- 准备签约文件时，双方一定要协商到位，以免在正式签约时因为合同的一些细节起争执而影响签约的进度。

职场加油站

一些关于签订合同的基本常识还需要谈判人员了解，谈判双方就合同条款的书面形式达成协议并且签字，即为合同成立。如果通过信件、电报、传真、电传或邮件达成了协议，双方当事人认可协议并签署确认书时，合同成立。我国法律规定只承认书面形式的合同。

（2）布置签约会场

在开始布置签约地点时，要先选择合适的地点，一般来说，进行签约的地点要根据双方到场的人员数目、职位高低和签约规格来决定，可选择在客户入住的酒店会议厅或是己方公司的会议室等，当然地点的选择可经双方协商解决。

在决定了签约的场合以后，相关负责人员要布置签约场地。由于签约仪式是严肃正式的，所以在布置时遵循的一个原则是大气整洁。一间标准的签字厅，室内铺满地毯，除了签约用的桌椅外，不宜有其他陈设，色调明亮，房间花色不宜过多，宁可单调，也不要过多修饰。

签字桌多为长方形，横摆于室内，放置数目合适的座椅。签署双边合同时，可放置两张座椅，供签约双方人就座；签署多边合同时，可摆放一张座椅，供各方签字人轮流就座，也可提供相应数目的座椅供签字人就座。要注意安排座椅的面向，在签字时，不能背对正门。负责人员要提前放好待签的合同文本及签字笔、吸墨器等签字时所必需的文件和工具。

职场加油站

在进行正式签约前，要确定好签约人和助签人员，互相通知，以便做相应的安排。根据签约文件的规格，可由单位领导人或部门负责人签署。要注意双方签字人的身份应对等、数目应一致。签约仪式还应有谈判人员参加，陪同签约。

（3）座次安排

一般来说，签约的座次应由负责方按合乎礼仪的方式进行安排。

双边合同。主客双方分别站于签字桌左右，双方助签人员分别站于签字人员的外侧，以便随时给主签人提供帮助，双方其他陪同人员可按照一定的顺序在签字厅就座，注意要在己方签字人的正对面就座，也可按职位的高低列成一排，站于己方签字人的身后，如果人数较多，可按“前高后低”的规则，站成两三排等。

多边合同。如果只安排了一把座椅，则按协商好的顺序先后进行签约。助签人员与签字人员行动一致，按“右高左低”的规矩，助签人站于签字人的左侧。多边合同签署时，陪同人员不宜站于签字人身后，可依照主方的安排面对签字桌就座。签约仪式的一般模式如图 6-9 所示。

图 6-9

（4）签约仪式的基本程序

正式的签约仪式有 4 个基本程序，如表 6-5 所示。

表 6-5 签约仪式的基本程序

程序	具体做法
就座	签约双方的签字人员、助签人员和陪同人员都要准时进入签字厅，按“主左客右”的规则入座。双方助签人员分别站在签字者的外侧，协助传递文件和签字用笔、翻揭文本、指明签字处并为已签文件做吸墨等工作
签署	一般是首先签署主方的签约文件，再签署客方的签约文件，签字时实行“轮换制”，即每个签字人在由己方保留的合同文本上签字，可按惯例将己方名字签于首位，然后再交由对方签字人签字
交换	双方签字人交换已签署的有关合同文本，然后起立并握手致意，互相祝贺，合影留念
退场	交换已签的合同文本后，签字人可同饮香槟为签约成功庆贺，接着请双方最高领导人及客方先退场，整个仪式的时间最好控制在半个小时以内

一般情况下，商务合同在正式签署后，还需提交有关部门加以公证，然后才正式生效。

6.2.7 商务谈判中的肢体语言

一场成功的商务谈判不仅要求谈判人员有超高的谈判技巧和专业水准，还有一个不能忽略的重点就是肢体语言的表达。很多时候肢体语言的表达能够透露给我们很多信息，帮助谈判人员判断对方的心理，达到谈判目的。

◆ 点头

在谈判过程中，看到对方的谈判人员点头，就认为他一定是同意己方的观点吗？还真不一定，大多数时候点头表示同意，但在谈判过程中，根据谈判氛围的不同也能表示相反的含义。如果谈判正在一种微妙紧张的氛围里，那么就要多想想对方谈判人员点头是代表什么了。

◆ 双手抱胸

双手之间的距离往往表达着内心的开放程度，如果双手间的距离非常小或是双手抱胸，就会向对方传达出你处于防备状态，向对方表明你并不打算开诚布公，所以最好在谈判中避免这种姿势。

◆ 目光接触

商务谈判的氛围是比较紧张的，在这种情况下一个小小的眼神都有可能造成误会和歧义。要注意不要过多地与谈判对手进行目光接触，会带给人压迫感，最好注视对方眼到额头的三角区域。

◆ 动作模仿

从心理学讲，当与他人谈话交流时，通过模仿他人的动作、姿势，可获得对方的心理认同感，缓和双方关系。在谈判中，谈判人员也可通过模仿对方的动作，不自觉影响对方的心理感受，促进双方更有效地交流。但是要注意，模仿要不经意间进行，不可过分，否则会带来相反的效果。

◆ 抬头

如果在谈判过程中，对方一直保持抬头注视的姿势，他很可能在表达一种中立的态度，既不否定，也不肯定，也可能在思考你的观点。

◆ 下巴

谈判中如果对方一直低头，表明对方持否定、拒绝的态度；如果对方下巴向外突出，即表示强势的态度，可能对方在等待你方发言结束后，就立即反驳。

◆ 腿部交叉

腿部动作是最容易让人忽略的部分，但腿部经常会在无意识的情况下表露人的内心，如果对方双腿交叉置于座椅之下，则说明他对谈话内容完全不感兴趣，或者不重视此项内容，希望尽快结束并进入下一个话题。

除了以上这些需要特别注意的肢体语言外，一些常见的肢体语言表达如表6-6所示。

表6-6　常见的肢体语言

肢体动作	肢体语言	肢体动作	肢体语言
短暂、多次眯眼	不同意、反感	双手交叉缠绕	紧张，不安
上身向前倾	集中注意力或感兴趣	整个人坐在椅子的边缘	不安、不耐烦、提高警觉
目光闪烁	冷漠或不自信、被看穿	挠头	紧张无措、迷惑或不相信
咬嘴唇	紧张、焦虑	抖脚	紧张、不耐烦
双手放在背后	愤怒、不同意、防御	眉毛上扬	感兴趣、不相信或惊讶
目光相交，瞳孔扩张	感兴趣	瞳孔收缩	敌对、挑衅

客户拜访，好礼节拥有好客户

商务交往的工作多种多样，除了接待谈判以外，还有电话交谈、上门拜访等一系列活动。而在商务拜访的过程中，有些约定俗成的礼仪是要职场人士熟知并且灵活运用的，包括提前预约、注意自身仪表等，掌握这些礼仪技巧，能为拜访活动更加顺畅地进行提供重要保证。

7.1 与客户联络的电话礼仪

在商务交往中，最不能忽略的工具就是电话，联系客户、预约拜访、答复致电、节日问候和细节沟通等都需要职场人士用电话进行沟通，但即使是这么频繁使用的工具，其中的礼仪规范许多人也未必知道，那么具体有哪些是需要职场人士掌握的呢？

7.1.1 请好好修炼这几点电话礼仪

就礼仪规范而言，虽然有了电话就不必与客户面对面交流，但也要像面对面交流一样做到礼仪周全，态度、语气和用词等方面，都要合乎基本的规范。首先在拨打电话前要做好充足的准备，这就要求了解拨打电话的基本流程，如表7-1所示。

表7-1　拨打电话的基本流程

流程	具体内容
准备	1. 在拨打电话前准备好纸笔，以便在通话过程中有需要时用到； 2. 准备自我介绍和开场白，在拨打电话前一定要想好如何给客户介绍自己（包括公司、部门、职位和姓名），还有一些开场白是问候对方、介绍打电话的目的等，比如“您好，很抱歉打扰您，我是……我这次打电话来是为了……”； 3. 舒缓情绪，切忌因为紧张而说话吞吞吐吐，给别人留下不好的印象
确认	打电话的时候一定要注意，在讲明自己的身份后，一定要明确对方的身份，这不但是对对方的尊重，而且是对业务的负责，避免出现交流了很久后才发现对象错误的情况，不仅尴尬而且浪费时间，降低工作的效率

续表

流程	具体内容
通话	清楚自己的谈话内容，按照准备好的措辞，有礼有节地与对方沟通，态度友好、逻辑清楚
挂断	通话结束后，等对方挂断电话后，再轻轻地挂断，不要客户还未挂断电话，自己就急忙挂断，这样容易造成之前的努力都成一场空的结果

在了解了拨打电话的基本流程后，其次需要职场人士了解的关于拨打电话要注意的礼仪还有以下一些。

◆ 选择合适的时间

在打电话之前，首先要考虑现在是否是一个合适的时间，是否会打扰到别人的工作或休息等，一般来说不要在早上 7:00 以前或晚上 22:00 以后给别人打电话，也最好不要在用餐时间（12:00、18:00）和午休时间（13:00 ~ 14:00）打电话。一个基本的原则是“工作电话不占用私人时间”，所以还要注意尽量别在节假日打扰对方。

当然还要避免在对方业务繁忙的时间打电话，一般不在星期一的上午打电话向对方咨询事宜，因为经过一个周末，周一的上午会特别忙碌，当然，在对方快要下班的前几分钟打电话也是不太适合的，会给对方造成额外的工作，耽误对方的私人时间。

◆ 响铃的时间不宜太长

在拨打电话时，如果对方没接，不要一直维持拨话状态，有可能对方在开会或不在座位，响铃 3 ~ 5 声就最好自行挂断，一直响铃会给对方造成困扰，当然也不要接二连三地持续拨打，如果真的有要紧事，可间隔式地拨打，比如隔 3 ~ 5 分钟拨打一次。

◆ 控制通话时长

原则上通话时长越短越好、宁短勿长，通常一次通话不应长于3分钟，即所谓的“3分钟原则”。谈话内容控制在主线范围内，即“开场白——谈话目的——结束语”，随意占用对方的电话线路和工作时间是不为对方考虑的失礼行为。

如果事先预计交谈的话题是比较重要且内容较多的情况，可提前与对方交待，询问是否可以长谈，若对方拒绝，则可邀请一个合适的时间再行交谈。

◆ 对方不在的情况

如果接起电话的对象不是本人，是由他人代接的，那么有3种得体的解决方法。

一是直接结束通话，适用于事情不是很紧急的情况，比如“那不好意思，打扰了，我下次再联系他吧”。

二是询问其他的联系方式和时间，适用于紧急状况，比如“请问我什么时候再打来比较合适？”或“那么您可否告知，××部长别的联系方式呢？”。

三是留言，可请求接电话的人为自己留言，说清楚自己的公司名称、部门、姓名、电话和转告内容等，向对方道谢，千万不要忘记询问对方的姓名，方便以后查找记录，比如“不好意思，还没请教您怎么称呼？”

◆ 态度温和、用语文明

在通话开始和结束时一定要将礼貌用语随时挂在嘴边，比如“您好”“打扰了”“不好意思”“谢谢”“请您先挂”等，通话时态度要友好热情，切忌大喊大叫，情绪波动较大。

7.1.2 送你一份正确使用手机的攻略

如今手机已成为每个人不能分割的一部分，不仅在生活中广泛使用，而且在工作中也不能缺少。在职场中使用手机时有如下几条礼仪规范需要职场人士遵守。

注意场合。在工作场合还是少使用手机为好，如果办公桌有座机，那么尽量使用座机进行各项工作。另外，根据公司要求，在特殊情况（商务谈判、公司开会）和特殊时间（接待客户、向领导汇报工作）不能使用手机，职场人士也应多加注意，遵守公司制度。

手机静音。在办公室内最好将手机调至静音或振动，不要打扰到周围同事的工作；在开会或向领导汇报工作时也要调至静音，并且不宜接听，这是基本的素养。

注意安全。由于各行各业的工作内容有所不同，工作场合也有所差别，使用手机时要注意安全，尤其是进入一些仓库、地下室时要注意是否会带来安全隐患。

手机号更换。手机号更换太频繁也会给自己和同事带来一定的麻烦，如遇到紧急情况找不到人等。所以为了不使工作受到影响，一旦自己更改了手机号码，应立即向同事、领导或正在联络的客户等告知。

使用短信。除了拨打电话以外，手机还可以发短信、微信，在公务交往中，使用短信、微信与他人进行联络、沟通不仅方便快捷，而且便于存档。不过在发送信息时要注意，不要一连串地发送信息；不要长篇大论，尽量简洁；不要群发或发错对象，容易打扰到别人。

放置得体。在较为正式的工作场合，手机不宜乱拿、乱放，不论是将其直接握在手里，还是挂在手腕、胸前或腰间，看起来都很不雅观。

最好将手机放于公文包、口袋或衣包里，不要漏出来让别人看到。

7.1.3 这样对话谁跟你都聊不下去

由于职场工作中的很多事宜都依赖电话进行处理，所以电话沟通成为一种重要的职场交往方式，但是在沟通上容易出现很多因为词不达意或缺乏常识造成的沟通障碍，影响工作效率。

A：“喂，我找王某某。”

B：“你干嘛。”

A：“你是王某某吗？”

B：“我不是，他有事出差了不在。”

A：“哦！那你帮忙留个言吧！”

B：“不好意思，我现在忙，你待会儿再打吧！”

以上这段对话就是非常错误的示范，不仅全无礼仪素养，而且一句有用的话都没有，影响工作，还对外塑造了一种恶劣的形象。在电话交流时一定要注意语言的起承转合、委婉大方。

A：“喂，您好，我是某某公司的小李，请问是王经理吗？”

B：“我就是，请问你有什么事？”/“对不起，王经理刚好出去，您需要留言吗？”

A：“是这样的，王经理……”/“那方便请您帮我留个言吗？转告他某某公司的小李找过他。”

B：“哦，原来是这样，那……”/“行，我帮您记下了。”

A：“那我就不打扰了，占用了您的时间，很抱歉，再见。”

B：“没关系，再见。”

在拨打电话的时候会出现各种跟预想的完全不同的情况，此时要注意时刻保持风度和素养，才能让对话正常进行下去。正如上述的对话，出现了两种情形，但都得到了理想的结果，所以，不必因为过程不如人意，就降低了礼仪标准。

当然，一段对话的有序进行还需要语音语调的配合，虽然电话交谈没有面对面交谈那样具体，但也能从语音语调里听出一个人的情感态度。语调过高，语气过重，会使对方感到生硬、冷淡；语气太轻，语调太低，会使对方感到没精神、不专注；语调过长又显得拖拉、不干脆；语调过短又显得急促、有压迫感。

一般来说，语气适中，语调稍高，尾调不太短最好，给人精神干练又自然的感觉，在通话时，不要一直用陈述句，会很单调，可将祈使句、疑问句和反问句穿插使用，给人亲切的感觉。

那么在打电话的过程中最好不要出现哪些句子呢？如下所示。

“这个，嗯，那个，嗯……”（不清楚内容，逻辑混乱，对方容易失去谈话兴趣）

“说！”“讲！”（生硬，粗鲁，一开场就留下不好的印象）

“大声点，我听不清！”（命令语气要禁止）

“能说的我都说了，其余的我不知道！”（回答要有耐心，不知道的要解释）

“我先挂了！”（结束要温和，最好等对方挂）

“为什么？”（提问过于简洁，容易提问变质疑）

“我不接受！”（反驳要委婉，让人接受才有效）

7.1.4 好态度，让人给你好言色

良好的态度是沟通的前提，尤其在职场中，一个人的“电话形象”也代表了公司的对外形象，所以要注意态度的表达，向对方传递热情友好的讯息，切忌态度恶劣，出现辱骂、命令甚至责备客户的情况。

◆ 减少负面用语

保持积极的态度，沟通的用语尽量选择正面向上的词语，避免负面的词语，为谈话埋下冲突的隐患。比如“虽然空调性能还有所不足，但人性化方面比起上次已大大提高”就好过“这次的改良不比上次差”。

◆ 用“我”代替“你”

“你”这个字用得太多，容易给人居高临下的态度，会使对方听着十分别扭和不快，所以谈话时多从“我”出发，表达一种谦逊的态度。

一般：请问您的名字是？

较好：我能知道你的姓名和电话吗？

一般：您说错了，数据显示……

较好：我没听明白，您说的和数据不太一样，我是不是漏掉了哪儿？

一般：您要提供给我们……才能……

较好：我当然能……，但我需要……

一般：您理解错了……

较好：对不起我刚刚没说清楚，是……

◆ 理解的态度

在与合作对象沟通时，要时时表达理解的态度，体谅对方，不轻易下判断或轻易评价人、事。有一项固定的句式用于表达理解，可以让对方易于接受，即“理解＋同感＋解释”，比如“我非常理解您的

顾虑，事实上不止您，很多客户也提出过相同的问题，我们的安排是有目的的，是这样的……”。

◆ 禁止强制性的语句

在与客户交谈时不要出现命令、责备等强制性的语句，这是一个平等交流的对话，出现居高临下的态度是没有必要的，也是不明智的。当需要要求对方的情况出现时，可用“你能……吗？”代替“你必须……”；当对方出现纰漏时，可用“这样……会更好”代替“你本应该……”。

◆ 不说“不”

尽量避免拒绝的态度，每个人遭到拒绝都会不快，所以为了让通话保持在友好的氛围中，“不”是尽可能不出现的词语，在对方提要求时，可用“你可以……”代替；当对方提建议时，可用“我能换一种方法来……”代替；当对方的问题超出权限时，可用“这个问题某某部的某某能够帮您解决……”代替。

7.2 小名片也有大讲究

名片，在现代职场交往中是能让他人快捷有效地了解各方资讯的工具，小小的名片标示着较为全面的个人信息（包括姓名、行业、职位、所属公司和联系方式）。别看这只是一张小小的卡片，它的交换、递接和设计等都有很多讲究，许多细节是职场人士不得不掌握的。

7.2.1 怎样的名片才是标准的

名片作为自我介绍、互相认识的最快且有效的方法，承载着种种社交功能，对于名片的基本要素、样式和用途分类等都需要职场人士具体详细地了解，以免在细微处出差错，失礼于人。

（1）名片的基本要素

为了使自己的名片规范实用，职场人士首先要了解名片的基本要素，如表 7-2 所示。

表 7-2 名片的基本要素

要素	具体内容
规格	目前，国内通用的名片规格为 90 毫米 ×54 毫米、90 毫米 ×50 毫米、90 毫米 ×45 毫米
材质	名片的材质大多选择铜版纸，不过现在的很多企业倡导现代、个性，所以出现了一些特种纸材质、金属材质和透明材质的风格，上班族可根据自身性格和职业性质进行多样选择，但“符合身份”是选择材质的首要原则
色彩	名片的纸张一般为黑、白、灰 3 种颜色，也可选择米色、淡蓝色或淡黄色等浅色系，一张名片的颜色最好控制在两种内，一色为底色，一色为点缀，切莫颜色太多，让人眼花缭乱，反而没有注意名片上的信息。不要使用红色、粉色、紫色或绿色，缺乏庄重感，没有职业气息
图案	名片上除纸张自身的纹路、单位标识、功能图标（电话、地址等）和产品 LOGO 等，不要出现其他的装饰图案，无实用价值
文字	如果公司业务往来无国外公司，一般采用简体汉字；如果公司有英文名称，可在相应汉字下面用小一号的英文展示，切勿在一张名片上采用两种以上的文字，最好是全英文或全中文，简洁干净
字体	字体的选择应遵循“清晰、易辨识”的原则，最好不要考虑行书、草书、篆书或花体字，容易让人看不懂，失去了名片的基本功能

（2）名片的样式

关于名片的样式有两种，一是横式，行序由上而下，字序由左而右，如图 7-1 所示。一般来说，名片大都采用横式，方便浏览、易收藏。

图 7-1

二是竖式，如图 7-2 所示。竖式名片虽然风格复古庄重，但使用不多。另外，职场人士应避免名片出现一面横式、一面竖式的情况。

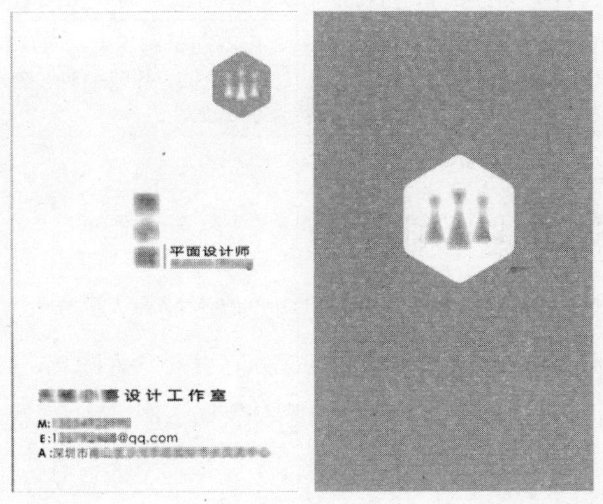

图 7-2

（3）名片的分类

名片并不是一种统一使用的工具，根据其具体内容和用途等可将名片分为应酬式名片、社交式名片、公务式名片和单位式名片 4 类，如表7–3所示。每一类都应在适当的场合使用才不失礼，不分对象、不讲场合，滥用同一种名片是不专业的表现。

表7–3　名片的分类

种类	使用情况
应酬式名片	应酬式名片通常只包括最基本的信息（个人姓名、籍贯等），主要适合在一般的社交场合，方便向他人介绍自己，而又不透露太多自己的信息
社交式名片	主要适用于拓宽人脉，方便日后交流，一般用于自我介绍及与人保持联系，主要内容包括“个人姓名＋联络方式”，个人姓名用大号字置于名片正中，联系方式（邮件地址、电话）用小号字体印于名片右下方或左下方，注意保护个人隐私
公务式名片	一般适用于正式的业务往来，需要与客户保持紧密的联系，主要内容包括公司名称（全称）、姓名（后多加职位、头衔）、联络方式（公司地址、办公电话、邮件地址和传真等，根据需要选择是否添加手机号码），如有必要，可在名片的背面印上公司简介或经营范围
单位式名片	主要用于公司对外宣传、推广，内容包括两项，一是单位的全称及LOGO，二是单位的联络方式（公司地址、邮政编码、公司电话、各主要部门电话、传真、邮件地址和网址等）

7.2.2 不要怪设计师设计得不好

随着社交软件的兴起，名片的功效似乎被大大减弱了，但由于名片能恰到好处地区分人与人之间的关系，保护个人隐私，因此在社交场合中还是备受青睐的，一张大方得体又吸人眼球的名片，大多数人都不会拒绝的。所以在设计名片时除了要传递个人信息，还要保证名片能够被长久地保存下来。

突出文本信息。可用突出主要信息的方式来吸引眼球，一箭双雕，有3种主要的方法能够突出关键信息，让客户通过这些文字了解到最有用的信息。一是空出大量区域，即名片设计为2/3的空白区域，1/3的文字部分，让人第一眼就会注意文字部分，如图7–3所示；二是，“浅色背景，深色文字”，即通过色差来突出文字部分；三是，主要信息用大号字体，次要信息用小号字体，将要突出的文本信息放大处理是最原始、最有效的方法。

图 7-3

凸版印刷。凸版印刷是将图形及文字以实体的方式刻在名片上，非常有触感，只要拿在手上就会注意到它的特别之处。当然凸版印刷不是将所有信息都进行深度刻画，而是择其要点，强调反差和对比。要注意的是凸版印刷只适合单面名片，如图 7-4 所示。

图 7-4

做到极致。凡事做到极致必定吸引人的眼球，设计名片也一样，有两种方法可操作，一是特别多字，一是特别少字。第一种情况，可在名片的一面以清晰的字体描述你要表达的内容，第二种情况，最好文字不超过两排，而且一排的字数也是极少的，如图 7-5 所示。

图 7-5

特殊材质。特别的材质会让你的名片在一堆纸片中脱颖而出，现在比较现代、前卫的企业会使用 PVC 透明名片，注重企业文化的较常使用 UV 名片，身份较突出的人一般会使用金属名片（镀金设计），彰显高贵，如图 7-6 所示。

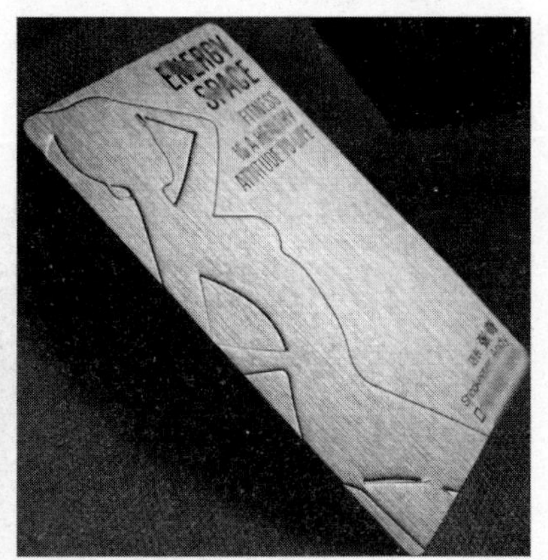

图 7-6

突出色彩有技巧。商务名片一般以简洁为主，不提倡色彩过于丰富，但有时为了吸引眼球，可在色彩设计上用一些技巧，有 3 种方法，一是局部多彩，即名片底色依旧以简约为主，可在局部（边角位置）晕染一些多彩的颜色吸引眼球；二是点缀色彩，即底色为一种，最好是单调的黑、白、灰，再在名片上用具体的形状（圆形、横线）点缀一种颜色；三是分面用色，即一面色彩单一用于传递信息，一面突出色彩吸引注意，如图 7–7 所示。

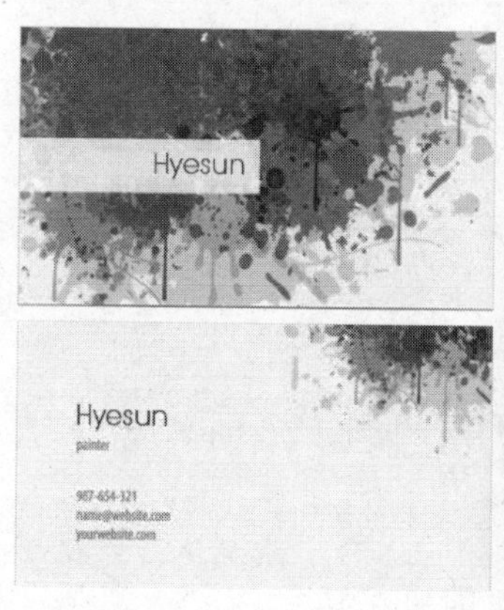

图 7–7

还有一些比较实用的小技巧，可以为名片增色不少，如下所示。

- 简洁风格，不做多余的排版处理，将所有内容直接放在名片一个角即可。
- 如果想突出名片的整体图案，可留出一个集中的区域用作文字版块，比如边角的整个单一色块，或是添加一块透明区域。
- 如果想突出公司的某个标志图案，可将其放在名片正中间的位置，文字部分可分布在名片下方的左下角或右下角。
- 将图案放在名片四周任何一边的边缘做透明处理，视觉效果也很不错。
- 重点突出文字，可将文字横穿整个版面，上下两头留下空白部分，或是将文字部分做成十字图案，置于名片的整个版面。
- 切记不要将文字部分放在色彩强烈的地方，否则很容易让人看不清楚，或失去认真看的兴趣。

7.2.3 先客后主，先低后高递名片

职场社交中，除了要在名片上下功夫，获得别人的注意以外，在递接名片时也要注意该有的礼节。虽然递接名片只是一个小小的动作，但是也包含了很多重要的细节，能显示自己的修养，赢得他人的赞赏与尊重。

（1）交换名片的时机

虽然交换名片是社交的方式，但也要切忌频繁地交换名片，要注意把握交换名片的时机，如表7-4所示。

表7-4　交换名片的时机

时机	具体情况
可交换	①希望认识对方；②表示自己重视对方；③被介绍给对方；④对方提议交换名片；⑤对方向自己索要名片；⑥初次见面或拜访对方；⑦通知对方自己的变更情况；⑧想要获得对方的名片
不必交换	①对方属于泛泛的陌生人；②不想认识对方；③不愿与对方深交；④对方对自己并无兴趣；⑤经常与对方见面；⑥双方之间地位、身份和年龄差别过大

（2）接受名片

在接受他人名片时，应立即停止正在做的事，起身站立，面含微笑，目视对方。双手接过名片，也可用右手接过，切忌用左手去接。接过名片后认真浏览一遍，以表示对对方的重视，千万不要看也不看就放在一边或装入衣袋，这是极其失礼的行为。

在接受名片的同时还要口头道谢，向对方表示“很高兴认识您”“以后多关照”“以后一定拜访”等。若条件允许的话，可在收好对方的名片后，将自己的名片双手递过去，以示尊重，如不能回送，应表示“不好意思，我的名片今天忘带了，改天一定联系您”。

（3）递交名片

手拿名片的位置是有规范的，应用双手的大拇指和食指拿住名片中下端的两个角，正面朝上，按对方阅读的顺序，递交过去。递交名片给他人时，要郑重其事，主动走上前去，用双手或右手将名片正面面对对方，递交过去。切勿以左手递交名片，或用手指夹着名片递给他人，也不要将名片举得过高给人以傲慢的姿态，或将名片背面面对对方递交过去。将名片递交给他人的同时，要在口头表示尊敬，比如“请多指教”“今后保持联系”等，或是做自我介绍。

在递交名片时还要注意先后顺序，一般是男性先向女性递交名片，位低者先向位高者递交名片。与多人交换名片时，应由近而远，或由尊而卑，要注意依次进行，切勿采用“跳跃式”的方式，这是极不尊重在场的其他人的表现。

7.2.4 索要和婉拒，不要不好意思

职场人士索要和婉拒名片时要注意一定的方法，不要太过直接，最好给彼此都留有余地，不要因为拒绝对方而伤了对方的颜面，也不要因为索要不到而心有不满。

一般情况下，向他人索要名片是没有必要的，但如果因为工作需要实在想要获取对方的名片，可采取如表 7–5 所示的 4 种方法。

表 7–5 索要名片的方法

时机	具体情况
明示法	主要适用于向与自己同年龄、同级别或同职位的人索要名片，直接向对方提议交换名片，清楚简洁
谦恭法	主要适用于向长辈、领导索要名片，比如：“李经理，您的发言对我很有启发，希望今后能有机会向您请教，不知可否给我一张您的名片？”

续表

时机	具体情况
交易法	即主动递上本人名片，以获取对方的名片，适用于大多数场合，比如："王总，非常高兴认识您，这是我的名片，请多指教。"
联络法	主要适用于向平辈或者晚辈索要名片，比如："以后怎样与您联系？"或"不知道以后通过什么办法联系您比较方便？"

当他人索要自己名片，因为种种原因不愿意将名片递交给对方时，不要太过直接地拒绝对方，应以委婉的方法表达此意。最好可找到一个让对方能够接受的理由，比较常见的说法是"对不起，我今天忘记带名片了。"或是"不好意思，我的名片刚刚用完了。"

7.2.5 讲讲名片的正确安身之所

由于现代职场的社交活动非常频繁，活动范围非常广，会出现收到的名片非常杂乱，难以妥善放置及管理的情况，甚至出现忘记曾经接收过别人的名片的尴尬情形。怎样才能将名片的利用率提高到最大呢？有以下一些规则是需要职场人士掌握的。

◆ 名片的放置

名片的放置要遵循"整洁、方便"的原则，一般来说，随身携带的名片要放在容易拿出的地方，不与其他杂物混在一起。若放于公文包内，则最好放在伸手可得的地方，也可放置在专用的名片包、名片夹里。男士身着西装时，可将名片放在上衣口袋里，女士可放在手袋里。

办公桌抽屉里也应时常备有名片，以便随时使用。放置时要注意规整地放在一角，不要让整个抽屉杂乱无章，导致需要时无法快速找到，显得做事没有条理，不够职业化。

另外，职场人士要避免一些不好的习惯，比如将名片放在裤兜里，这样很容易把名片弄皱；或者放在钱包里，虽然放在钱包里容易携带，但会给人不正规的感觉。

◆ 名片的管理

太多名片混在一起容易埋藏很多有用信息，无法帮助职场人士更好地拓宽人际关系。要想更好地管理名片，可以用表 7-6 所示的方法。

表 7-6 名片的管理方法

管理	具体做法
分类	①将自己的名片和收到的别人的名片区分开来，分别放置，以免弄混； ②按姓名拼音字母的排序分类或按姓名笔划分类； ③按地域分类，比如国别、地区、省份、城市； ④按行业领域或专业分类； ⑤按人脉资源的性质分类，比如同学、客户、领导等
清理	定期对名片进行清理。将全部名片按重要性、使用周期和使用几率等因素，分成 3 层，第一层是需要长期保留的；第二层是不太确定的，有使用几率的；第三层是没有使用价值，可以丢弃不用的
翻看	养成经常翻看名片的习惯，时刻掌握名片档案的信息，给需要时常联系的人打一个问候的电话，保持合作的关系，以便将来有商务交往需要的时候，能够顺利地联系到对方，这才真正发挥了名片的效用

当然，现在的网络市场上有很多管理名片的软件或手机 APP 可供职场人士选择，通过智能科学的管理方法，大大提高名片的使用率，减少自己整理的麻烦。如图 7-8 所示的是几款管理名片的 APP。

图 7-8

7.3 上门拜访客户的礼仪

拜访是商务交往最为常见、最为普通的形式之一，也是联络客户感情、促进合作的有效方法，如果懂得商务拜访的礼仪，做一位有礼而且受欢迎的拜访者，无疑会为拜访活动助力。

7.3.1 拜访不可草率而行

商务拜访不能草率决定，一定要做好充分准备，因为这不是可有可无的工作，从预约、仪表和资料准备等方面都需要职场人士考虑周全，这关系到拜访的目的能否达成，不引起注意往往会造成拜访的障碍和摩擦。接下来就从几个方面谈谈拜访的准备事项。

预约时间。拜访之前必须提前预约，这是最基本的礼仪。一般情况下，商务拜访应提前 3 天给拜访对象打电话，经过双方沟通，取得对方同意后才能进行拜访活动。在预约过程中，职场人士为了保证沟通的顺畅，最好准备开场白，结构和内容如表 7-7 所示。

表 7-7　开场白结构

结构	内容
自我介绍	主要包括：公司名称→部门→职位→姓名→公司简介→过往合作
详述目的	详细说明进行拜访的目的，需要解决什么问题，最终要得到怎样的结果等，这些问题都要告知对方，方便对方判断拜访是否有可行性
是否接受	需要就对方疑惑的问题进行多次沟通，或是等待对方与相关负责人员沟通，得到对方是否接受此次拜访的答复

续表

结构	内容
时间约定	最后确定时间，有两种方式：一种是己方提出拜访时间，由对方决定是否可行；一种是请对方确定方便的时间，己方自行调整行程以配合对方的安排

设计计划。对拜访的流程、任务和路线进行设计，清楚地知道自己拜访的任务，想要达到什么效果及怎样做才能达到拜访的效果。职场人士可设计一个拜访的表格，理清自己的思路，如图 7-9 所示。

拜访时间	某年某月某日
拜访路线（公司名）	……
拜访目的	加大合作范围
具体的方面（需要说哪些话）	"……" "……" "……"
怎样获得对方的首肯	……
对方的活动安排内容	……
结束（保证圆满）	……

图 7-9

准备礼物。无论是初次拜访还是再次拜访，准备礼物都能表达对对方的尊重和重视，可以起到联络感情、缓和职业气氛的作用。所以，拜访者还是应该多了解拜访对象的兴趣，或对方公司的性质，只有在多方了解后，才能有针对性地选择礼物，尽量让对方感到满意。

收拾仪表。不整洁的服饰是对拜访对象的轻视。商务拜访时，男士选择深色西装、黑色皮鞋和深色袜子搭配暗色系的领带即可；女士应着职业套裙、皮鞋或高跟鞋，配肉色丝袜即可。

准备资料。拜访前，要准备好相关资料，主要从两方面着手准备，一是收集客户的资料，尽可能了解对方的情况，并把所得到的信息加以整理；二是准备工作资料，包括公司资料、历史资料和行业资料等。

7.3.2 尊重对方的行程安排

商务拜访是一项严密的职场交流活动，不同于社交活动讲究轻松自然，商务拜访是由企业职员按计划安排流程实施的，是通知各方确定好的，所以无论是拜访者，还是接待方，都应按计划的行程行事，这才是对双方的尊重。

一般来说，拜访的行程安排是通过双方多次沟通决定的，既要满足己方的拜访需要，也要在对方方便的情况下进行。安排行程的一方会将确定好的流程传到对方公司，以便对方做具体安排，一般的行程安排表如图 7-10 所示。

日期	行程
第一天（具体日期）	10:00 ~ 11:00：参观…… 11:00 ~ 12:00：会议室进行…… 12:00 ~ 13:00：某某会所用餐 13:00 ~ 17:00：……
第二天（具体日期）	9:00 ~ 11:00：参观…… 11:00 ~ 12:00：参观…… 12:00 ~ 13:00：某某会所用餐 13:00 ~ 17:00：娱乐活动
第三天（具体日期）	9:00 ~ 12:00：参观当地景点 10:00 ~ 11:00：某某会所用餐 10:00 ~ 11:00：与职工交流……

图 7-10

关于行程安排的礼仪规范要遵守一个原则，即“入乡随俗”，有任何问题都应在计划的过程中提出，在拜访过程中要欣然接受对方安排的活动或饮食，并向对方的接待表示感谢。除此之外，在拜访过程中还应遵守哪些礼仪规范呢？

◆ 做到守时

迟到在任何场合都是不受欢迎的，拜访时准时是最低的标准，一般都应早到一会儿，体现重视和积极的态度。但也不用太早而影响到别人的正常安排。

如果因特殊原因不能赶到，必须提前通知对方，以便拜访对象重新安排时间。通知时一定要具体说明能让对方接受的原因，态度诚恳地请对方原谅，必要时还需沟通安排下次拜访的时间。

◆ 先通报后进入

前往对方企业拜访时，如果有接待人员负责接待，则不需多考虑什么，听从接待人员的安排即可；但如果对方并未安排接待人员，则应在到达后向有关人员交代自己的基本情况，待通报后，再与拜访对象见面，不可冒然闯入。

◆ 把握拜访的时间长度

如果是临时拜访，没有什么别的安排，要注意不宜将时间拖得太长，否则会影响对方其他工作的安排，尽量开门见山，直奔主题，提高效率。如果双方在拜访前已经商定了拜访时间，那么最好将整个过程控制在安排好的时间段。

7.3.3 适时告辞，不做难辞之客

在进行上门拜访时，要注意拜访时间不宜过长，在商务洽谈的内容都差不多时，要有意识地准备离开，不要一直无端地打扰对方。当然，结束拜访也不能太过突然，所以职场人士要注意如表 7-8 所示的一些辞别礼仪。

表 7-8 辞别礼仪

礼仪	具体做法
致谢对方	在完成拜访工作的时候，要注意对于此次接待，首先向对方表达感谢，比如："多谢您在百忙之中接待我，我感到荣幸之至"

续表

礼仪	具体做法
适当赞美	在结束之时，对于整个拜访流程，要进行简单的总结，并对对方加以赞赏，营造愉悦的结束氛围，使得拜访对象有依依惜别之感
主动辞别	在商务洽谈已经接近尾声时，应主动向客户告别，表达离开的意思，由于之前有过铺垫，在表达的时候可直接一点，比如："那么我就先告辞了""那我就不打扰您了"
保持联系	其一，对于洽谈中出现的不能及时解决的问题，要在结束时再次提起，向客户表示，无论什么时候都能就未完成事宜进行商讨；其二，提出下次拜访的意愿，表示期待再与对方进行二次会面

在拜访结束后，还有一项工作需要完成，即向拜访对象回复信函，表示感谢，让对方感受到你的礼仪周到。一般的模板是"开头 + 正文(时间、地点、人物、起因、经过、结尾和感受) + 落款"，如图 7-11 所示。

拜访感谢信

尊敬的________，

我们于________[日期]拜访了贵公司，您的热情款待让我们十分感激，在此请您接受我们这份迟到的谢意！

我们的讨论是十分有益且令人鼓舞的。我们现已进一步了解了您的需求，并将你对我们酒店提出的意见反馈给相关领导，我们将以最积极的方式为贵公司做出改善方案，并且非常期待接下来的合作，谢谢！ 再次感谢您为我们安排的这次愉快的访问。

此致

图 7-11

商务文书，别说你不知道

除了面对面地与人交往，在职场中还会出现使用信函与同事、领导或客户进行交流的情况。书面的文字能展现庄重感和礼仪风范，表情、声音被文字所替代。所以，有关文字的写作规范和禁忌就需要职场人士掌握和了解，让对方见字识人，通过文字感受到你的礼貌周全。

8.1
电子邮件、传真通信礼仪

电子邮件和传真是现代职场必不可少的通信工具，因其高效、迅速和易存档的特点给商务交往的双方都带来了便捷，所以使用频率非常高，每个职场人士都要正确操作并注意其中的礼仪规范，确保在联系过程中不因一时疏忽而失礼于人，破坏了良好的合作关系。

8.1.1 回复率在 50% 以上的电子邮件

在工作中，很多职场人士的邮件常常处于爆满的状态，所以除了很重要的邮件，大部分人对于邮件的选择是尽量删除。要想收件人一眼就看到你的邮件并有打开阅读的想法，就必须注意邮件的得体写法，下面介绍几个小方法提高邮件的回复率。

◆ 使用简单的句型

越是简单的句型越能清楚地向对方表达自己的主要意思，太过专业的技术性内容反而会让收信方觉得冗长复杂，不想多看。但也要注意，句型简单且不能错别字满篇、语法错误。

简单：我们 2017 年的销售额达到行业的前五。

复杂：根据某某网显示，我们公司的销售额市场占比 32%，相比去年上升了 3 个百分点，共销售 5000 万件，还占有了欧美市场的份额，明年将大力开发并进入外国市场。

简单：谢谢您不久前对于我公司的拜访，我们期待您再次光临。

复杂：公司创始至今，一直兢兢业业发展自身，只为给客户一个最满意的答卷，您对我们的拜访，让我们觉得荣幸之至，您的到来让公司蓬荜生辉，不知我们是否接待周到，如若您能再次拜访，我们将不胜感激。

以上两组对话即是简单句型和复杂句型的对比，可以看出邮件的句型只需表达清楚主要因素就够了，常用句型为“发信人称谓 + 收信方称谓 + 目的 / 事实”。

◆ 语气真挚

在写邮件时，尽量将自己的感受真实地表达出来，语气过于平淡或过于夸张都不会引起对方的共鸣，会大大降低邮件的回复率。同样的一组话用不同的语气书写，效果是完全不同的。

我们期待与您合作，不知您是否愿意？

有机会我们就合作的事宜面谈一下，请务必回信给我。

我们公司对您的产品很感兴趣，一起合作是很好的主意，我想您也是这样想的。

很明显第 3 段话的内容，语气更真挚，更感染人，第一句和第二句都太平淡太官方，让人没有回复的冲动。

◆ 有问题并表示期待回应

在写邮件时可用疑问句或反问句的句式向对方抛出 1 ~ 2 个问题，这样会大大提高对方的回复率，但也不能一连串都是问题，超过 3 个，对方就会感到厌烦。

◆ 篇幅不要太长

一封邮件的字数越多，收件方阅读的压力越大，最好将商务邮件的字数控制在 200 字为佳。当然，适当超出也无大碍，但千万不要达

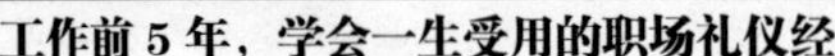

到 800 或 1 000 字，像写作文一样写邮件。如图 8-1 所示。

王先生：

您好！

我们是四川某某化工企业，在某某网站上看到贵公司的信息和采购需求，我们主营某某型号的化工零件，能向你方提供相应零件，想咨询一下你是否有意向和我公司合作。

冒昧通信，以期待与您建立业务关系。

祝生意兴隆！

李明
四川××化工企业
2017 年 4 月 6 日

王先生：

您好！

我们是四川×× 化工企业，在×× 网站上看到贵公司的信息和采购需求，我们主营×× 型号的化工零件，能向你方提供相应零件，想咨询一下你是否有意向和我公司合作。

四川××化工企业位于四川省成都市经济开发区化学产业园，南邻高速公路，东邻交通枢纽站，邻近成都大学城，地理位置优越，交通运输便利，石化产品资源丰富，具备管理、科技开发和专业技术人才优势，发展前景可观。公司成立于 2009 年，注册资本 56000 万元，员工 8700 余人。

公司非常重视科技研发，重视研发经费的投入和科技人才的引进、培养，建有高水准的企业技术中心，并与多家院校、研发机构建立良好的合作关系，为公司科技研发、人才引进、成果转化奠定了坚实的基础。

冒昧通信，以期待与您建立业务关系。

祝生意兴隆！

李明
四川××化工企业
2017 年 4 月 6 日

图 8-1

上图的第二封邮件的内容显然有点多余，如果想要向寻求合作的对方简单介绍公司的概况，可以用附件的形式发送过去，正文一定要注意简洁直接。

虽然篇幅字数过长时回复率会大大降低，但也不要过少，低于 25 字的邮件，收信方大都不会回复，因为字数过少的邮件会让收件方觉得发信人不重视、不在乎，那么自己也不必回复了。

◆ 使用简短的标题

根据电子邮件的展示方式和一般阅读习惯，收信时最先注意到的是邮件标题，所以有一个一目了然的标题至关重要，5 个字左右的标题回复率是最大的，标题越长，邮件回复率越低。但标题不能太过省略，省略标题的邮件，回复率在 10% 左右。如图 8-2 所示为同一发信人发送的多条未读邮件。

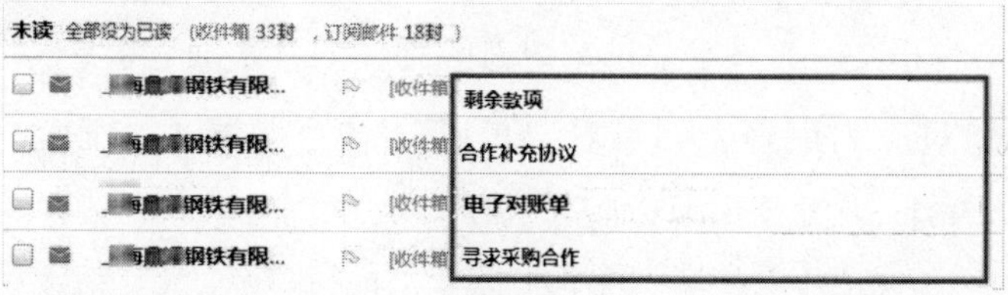

图 8-2

8.1.2 正能量，你该如何回复邮件

写电子邮件的时候需要注意基本的写作规范，在收到别人的电子邮件之后，回复也不能随意，要根据对方的内容作出相应的得体回复。那么我们要怎么样回复对方才算得体呢？一些基本的操作规范如表 8-1 所示。

表 8-1 回复邮件的基本操作规范

操作规范	具体内容
直接回复	回复邮件时应在原件的基础上进行回复，这样能方便对方知道事情的前因后果，直接点击“回复”按钮，回复的邮件主题会标示为“RE：/ 回复：”，对方就能第一时间判断邮件的内容
附件标题	如果回复时有需要用附件传送的内容，一定要将附件的标题写好，方便对方下载，并且要在正文中提请对方查收

续表

操作规范	具体内容
回复期限	邮件回复要分清主次，根据邮件的重要程度来分，紧急邮件在两小时内回复，一般邮件在 24 小时内回复
注意抄送	在收到群邮件时，要注意连同“抄送人”一起回复，如果漏掉了，就不能保证所有人都知道事情的进展，还会给对方造成不小的麻烦，对方还要逐一回复。简单的办法是点击“全部回复”按钮，不过根据回复的邮件内容，要酌情调整“收件人”“抄送人”“密送人”的位置

在书写正文时，一定要根据对方的邮件内容来回复，不仅是内容，格式也要对应为最好。如果对方是以段落的方式书写正文，那么回复的格式也应为段落，内容版式应为“就你提到的……+ 我是这样想的……”；如果对方的格式明显，比如列了几个大点，那么回复的格式就应列出相同的点进行回复，如以下案例所示。

邮件

××，您好：

非常感谢您邀请我参加本周五在中关村 ×× 大厦的 ×× 会议。我能够完成 10 分钟的演讲，并会提前 2 分钟进场，但还有几个问题需要您确认：

（1）会议的楼层和房间号是多少？

（2）其他嘉宾是即兴演讲还是 PPT 展示？

（3）我需要自己携带笔记本电脑演示 PPT 吗？

回复一

××，您好：

您提到：（1）会议的楼层和房间号是多少？

×× 大厦 9 楼 107 房间。

（2）其他嘉宾是即兴演讲还是 PPT 展示？

基本都是以 PPT 演示为主，但也有即兴演讲的。

（3）我需要自己携带笔记本电脑演示 PPT 吗？

不需要，您只要用 U 盘带好 PPT 文件即可。

期待周五您的精彩演讲！

回复二

××，您好：

（1）×× 大厦 9 楼 107 房间。

（2）基本都是以 PPT 演示为主，但也有即兴演讲的。

（3）不需要，您只要用 U 盘带好 PPT 文件即可。

如果在处理邮件时无法马上回复对方的问题，可以先回复对方已收到邮件，再注明一个时间期限，让对方知晓。如以下案例所示。

邮件

××，您好：

附件是部门的年终发言稿，请帮忙审读、编辑并润色文字，所涉及的各种数据也需要您核实。

回复

××，您好：

收到了您的邮件。我会在本周三之前给您一份我的修改稿。还有，可不可以发给我一份完整的全年销售数据汇总表？

如果对方的邮件篇幅较长，而且逻辑混乱，也未分段落，可以在回复的时候将他的内容重新整理，分出具体的几个重点，逐一回复给对方，如以下案例所示。

邮件

××，您好：

非常感谢您邀请我参加本周五在中关村 ×× 大厦的 ×× 会议。我能够完成 10 分钟的演讲，并会提前 2 分钟进场，但是我当天的时间安排很紧凑，不知道交通路况如何，担心到时找不到会议地点，而且我还未开始做演讲的准备，一切都手忙脚乱，我的笔记本电脑拿去修理了，不知道何时才会拿回来……

回复

××，您好：

收到您的邮件，您看我这样理解行吗?

（1）您要参加此次会议并演讲，然而时间紧凑，所以想问交通状况。

（2）您还不知道会议的具体地点。

（3）您还不知道演讲的具体形式，所以还未开始准备演讲。

（4）您还不知道演讲时是否要带笔记本电脑。

我的回答是：

（1）当天有交通管制，所以路况不用担心。

（2）×× 大厦 9 楼 107 房间。

（3）基本都是以 PPT 演示为主，但也有即兴演讲的。

（4）不需要带笔记本，您只要用 U 盘带好 PPT 文件即可。

此外，为了控制邮件的数量，可在正文结束时多加一句“都已办妥，无需回复”或“仅供参考，无需回复”，这样可避免多余的回复，占用邮件空间。还有，要尽量避免就同一问题多次反复讨论，如若这样的讨论超过 3 次，就应终止邮件往来，直接使用电话或其他更有效的方式交流，因为反复叠加邮件只会导致邮件过于冗长复杂而不便阅读。

8.1.3 发传真要让接收者一目了然

在职场中，使用传真机传递文件、材料和图表等的操作非常普遍，由于其操作简便、速度快，因此在职场中发挥着不可替代的作用。职场人士在使用时不仅要注意正确的操作，还要注意使用的礼仪，达到促进交流的目的。首先要清楚使用传真的流程，如表 8-2 所示。

表 8-2　使用传真的流程

流程	具体内容
第一步 电话沟通	发送传真之前，首先要打电话通知对方，将己方的基本信息，包括公司名称、详细的部门名称、传送的文件内容及传送的具体时间让对方知晓，以便对方做好接收准备
第二步 检查内容	发送之前，要注意检查内容是否正确无误，包括发件人信息和签字、文件日期和页数以及接收人的姓名等
第三步 过后询问	在传送传真之后，任务还未结束，要注意联系对方，询问是否收到所传文件、文件是否有误或有缺以及内容是否清晰等，得到对方肯定回复后，才算真正完成发送传真流程

一般正式的传真必须有首页，上面标注交往双方的基本信息（单位名称、部门名称、姓名、日期和页数），此外，在每一页的文件下方都要标注具体页数，可防止接收错漏的情况，如图 8-3 所示。

传真函 FACSIMILE TRANSMITTAL SHEET

至：　　　　　　　　　　　　日期：　年　月　日

公司：　　　　　　　　　　　传真号：

自：[illegible]电力自动化有限公司　　总页数：　　页

部门：　　　　　　　　　　　传真号：

主题：

☐紧急　　☐请审阅　　☐请尽快回复　　☐请传阅

图 8-3

在发送传真时还要注意以下几点，以免出现不必要的麻烦。

原件清晰。发送传真时应尽量使用清晰的原件，避免发送后出现内容看不清楚的情况。

控制页数。传真一般不适用于页数较多的文件，因为其成本较高，且占用传真机时间过长也会影响其他工作人员的使用。

设定时间。传真的使用时间一般不要设定在下班时间，除非是紧急的情况并且对方已经知晓。

注意保密。未经沟通或允许，不要传递机密的文件，尤其是公共传真机，保密性不高，容易被他人窥视到文件内容。

8.1.4 短信虽短，礼仪长存

短信也是职场交往中必不可少的联系方式，一条短信看似简单，但其中的细节最能体现企业和个人的礼仪风范。

商务短信都要署名，以此来区分私人短信和工作短信。由于营销、广告和诈骗等信息被大量发送，导致很多人每天会接受几十条短信，此时，署名能够确保自己的短信不被当成垃圾短信删除掉，如图 8-4 所示。

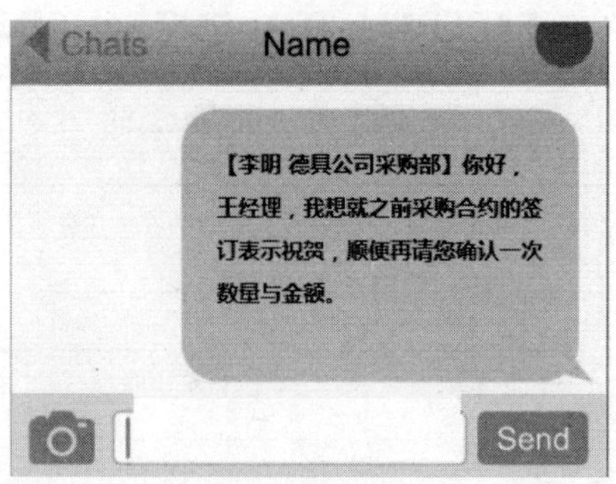

图 8-4

商务短信不管是出于业务公事目的，还是节日祝福，都是要回复的，不管是回电话还是短信，讲究一来一往，置之不管是非常失礼的。另外，在上班时间也不要接连给对方发很多短信，容易打扰对方工作，面对短信很多的情况，最好选择电话与对方交流。

在想要与对方电话交流之前，可以先用短信预约，以免因为不确定对方是否方便而打扰到对方，比如“有事想请教您，现在是否方便接听电话呢？”

对职场人士来说，勤于删除短信是非常有必要的，一是保护隐私，将不愿意让别人看到的短信在看完以后就删除掉；二是腾出手机空间，过多的短信内容会让整个手机空间看起来杂乱无章，不方便阅读。

8.2 几种商务信函文书礼仪

商务信函是指企业与企业之间，在各种商务场合或商务往来过程中所使用的简便书信，用于企业间建立合作关系，联系商务事宜，解决商务交往中出现的各种问题。商务信函的种类包括聘书、推荐函和慰问函等，每种文书要注意的礼仪各有不同。

8.2.1 聘书，体现对受聘者的器重

聘书是企业请合适的人才担任公司的某项职位所使用的一种特殊文书，相当于正式认可该人才进入公司工作，同时向应聘者表达信任与尊重。聘书的格式一般由以下 5 个部分组成。

标题。聘书一般会在正中写上“聘书”或“聘请书”字样作为标题，字体较大，居于顶部。

称谓。聘书的称谓有两种写法，一是在开头顶格书写，后加冒号；二是在正文中直接写明受聘者的姓名称呼，常见句式为“兹聘请某某先生 / 女士……”。

正文。正文的主要内容包括4个部分，其一，聘请的原因和受聘者所担任的职位，比如“某某先生 / 女士已被聘为本公司某某部门……职位”；其二，写明聘期，比如“聘期3年”或“聘期自2017年5月9日至2019年5月9日”；其三，就职待遇，可根据具体情况选择是否书写；其四，希冀语，书写对于受聘者的期待和要求，或是希望受聘者履行的职责，可根据具体情况选择是否书写。

结尾。聘书的结尾一般书写表达敬意和祝愿的话语，比如“此致”“此聘”等。

落款。聘书的落款要署明发文企业的名称、企业领导的姓名及职位、发文日期及企业公章（加盖公章才能生效）。具体的格式如图8-5所示。

聘任书（合约）

兹聘_________先生/女士：

于______年___月___日被聘为本公司_______部________一职，在职期间希望能够努力胜任本职工作，积极向上与公司共创未来！

此 聘

××有限公司

人力资源部

______年___月___日

企业名称：××有限公司　　职位名称：__________

所属部门：_____________　　直接上级：__________

图8-5

8.2.2 慰问信，要真切动人

商务慰问信是公司与公司之间表达友好和关心的形式之一，面对合作伙伴出现一些变故的情况时一般会通过慰问信的方式表达问候、关心和鼓励，加深双方的关系。慰问信的格式同样由以下 5 个部分组成。

标题。由 3 种方式组成。第一种，只书写信函种类，比如“慰问信”；第二种，由慰问对象和信函种类组成，比如“致某某慰问信”；第三种，由通信双方和信函种类组成，比如“某某致某某慰问信”。

称谓。在开头顶格书写慰问对象的姓名称呼或是企业机构的名称，后加冒号，比如“王宇先生：”“惠誉有限公司：”。

正文。正文的内容主要包括慰问目的、慰问事项和鼓励话语。比如“得知您……深表遗憾，致信给您希望您能像从前一样将所有问题都圆满解决，您一直是我们心目中的楷模……”。

结尾。一般以激励的、勉励的、振奋人心的话语结束，比如“我们一起期待更好的明天！”“祝您取得更大的成就”。

落款。落款要署上单位名称或人名以及日期。一般的商务慰问函如图 8-6 所示。

致全体职工的慰问信

全公司职工及家属同志们：

盛夏时节，高温酷暑给大家的工作和生活都带来了极大的不便，尤其是我们奋斗在一线的员工们不畏酷暑高温，依然坚守在各自的岗位上，以高昂的工作热情和认真的工作态度，为公司的发展付出了艰辛的汗水。在此，我谨代表公司工会向在各个岗位坚持工作的全体工作人员表示衷心的感谢和深切的慰问！宏伟目标的实现，依然需要员工和家属的理解、支持和奉献。我们相信，有了你们大家的全力支持和参与，我们就一定能再创造辉煌！

最后，恭祝公司全体员工及家人：身体健康，家庭美满，生活幸福，万事如意！

××有限公司
董事长（签字）
××年×月×日

图 8-6

书写慰问信的时候还应注意以下一些内容。

- 行文不要套用一些公式化的语句，句式简单，感情真切即可。
- 一般省略前文，直接进入正题，开头语可写“前略”，结束语可写“草草”等字样。
- 根据具体的情况书写慰问信的内容。比如遭受变故，应写“衷心希望受损轻微，并祝愿早日恢复如常……”；患病在家，应写“请好好休息，祝早日康复……”。

8.2.3 推荐信，需实事求是

推荐信是单位或个人为了推荐另一个人担任某个职位或参与某项工作而写的信件，推荐信的发出者可以是和被推荐人有业务关系的人，也可以是有某种关系的组织单位。在书写推荐信时要实事求是地介绍被推荐人的详细情况，一般推荐信的内容由以下几个部分组成。

标题。可在正中书写“推荐信”的字样作为标题，也可不写标题。

称谓。在开头顶格写上收信人的姓名、称呼或职务，比如“尊敬的某某总裁”“尊敬的某某先生”“亲爱的某某先生（仅限于与收信人关系很熟的情况）”。

正文。正文开始可先问候一下收信人，表达情谊，比如“您好，我是……您的事务千头万绪，很抱歉打扰您”等，接下来可书写具体的内容，推荐信的主要内容由表8-3所示的4个部分组成。

表8-3　正文的主要内容

部分	具体内容
第一部分	写明自己的姓名身份和被推荐人的姓名、与推荐人是如何认识的或有什么关系以及认识的时间有多长，同时说明写此信的目的

续表

部分	具体内容
第二部分	介绍被推荐人的基本情况，如学历学位、专业特长、外语水平和业务能力，着重介绍被推荐人曾获得的成就，达到推荐的目的
第三部分	推荐人对被推荐人的评估，包括初识的印象、长期相处的印象（可通过具体的事件来佐证）、优秀的地方、需要改进的地方、为什么适合这个岗位及会为这个岗位带来什么贡献等
结论	推荐人对于被推荐人的整体评价，再次表达希望能办成此事的愿望，请对方给予被推荐人工作或晋升机会，并向对方致以感谢和祝福，最后附上一些被推荐人的有关材料或获得的奖项

落款。在正文右下方署上推荐者的姓名以及成文日期，有些推荐信还要注明推荐者的详细通讯地址，以备日后查询时方便联系。一般推荐信如图 8-7 所示。

尊敬的李先生：

您好，我是××，××公司的总经理。得知我公司优秀员工××想要出国深造，我感到非常高兴和无比欣慰。这样一个上进的年轻人应该接受良好的教育，拥有更辉煌的未来。因此，我很荣幸向贵校强烈推荐这位优秀青年。

该员工曾在大四的时候来我公司报到实习。他利用闲暇时间大量阅读参考有关业务的书籍，虚心向其他员工请教。渐渐地，他开始精通各项业务，并取得一定成绩。对此他并没有满足，没有骄傲自大。相反，遇到难题，他仍然虚心与同事交流讨论直到找出解决方案为止。鉴于他在实习期的出色表现，我公司招收他为正式员工（通常我公司不予考虑应届毕业生）。

现在，作为我公司的一名业务精英，××工作更加认真、负责、努力，为所有同事树立了榜样。付出就有获得，他因此被评为本公司优秀员工，并享有高额奖金。

虽然从某种程度上来说，如此优秀的员工即将踏上留学之途是我公司的损失，但是考虑到他的前途，我依然毫不犹豫地支持他远赴贵校深造。真诚期望贵校能同样支持他，给他一个提升自己，实现梦想的机会。谢谢。

××有限公司
××部门经理（签字）
××年×月×日

图 8-7

8.2.4 庆贺信，适量使用夸张的方法

庆贺信是企业单位或个人向其他企业或个人表示祝贺的一种专用书信。现已成为表彰、赞扬和庆贺对方在某个方面所做贡献的一种常用形式，有激励和赞扬的功能。庆贺信的基本结构包括以下几项。

标题。庆贺信的标题可在第一行正中写信函种类名“贺信”，或是在“贺信”的前面加上收信单位或收信人姓名(比如“致某某的贺信”)，也可写明祝贺事由（比如“贺开业”）。

称谓。顶格书写被贺企业名称或个人姓名，比如“广州百货有限公司：”“王董事长：”，称呼之后要加冒号。

正文。另起一行，空两格书写主要内容，一般包括两个部分，一是交待祝贺的原因，写明对方取得的成绩和重大意义；二是表示热烈的祝贺，书写鼓励的话语，表达希望和共同理想。

结尾。写上祝愿的话，比如“此致”“祝取得更大的成就”“祝您步步高升”等。

落款。写明发文单位名称或个人姓名，并署上成文日期。一般庆贺信如图8-8所示。

关于庆贺信的写作内容还有以下几点需要注意。

- 庆贺信内容有关会议的话，则要着重写明会议的重要性和圆满成功。
- 庆贺信的对象为合作企业，则除了表示祝贺外，还要着重写明向对方学习，互相进步，并向对方询问建议的内容。
- 下级给上级写信，除祝贺外，要着重写自己的进步、决心和态度。
- 根据正文内容决定结尾是否还需要添加祝愿词，内容不要重复。

贺××药业公司成功改制

尊敬的××公司××董事长并全体同仁：

欣闻××药业公司成功改制为××公司，这是××发展历程中具有里程碑意义的大喜事。值此××公司揭牌之际，××公司董事长兼总经理××携全体员工向××公司××董事长及全体同仁致以最热烈的祝贺！

××药业公司改制为××公司掀开了企业发展崭新的一页，也标志着××公司向着现代化、国际化大公司又迈进了更加坚实的一步。我们坚信，在××董事长及董事会的正确领导下，通过经营层和全体员工的不懈努力，贵公司必将迎来更加辉煌和灿烂的明天！

最后，借××公司揭牌之际，衷心希望我们同心携手，进一步增进相互间的友谊，不断加强双方的合作，用智慧和双手创造我们更加美好的未来。

衷心祝愿××公司蒸蒸日上，兴旺发达！

衷心祝愿贵公司全体员工身体健康，生活更加美好！

此致

××有限公司
××年×月×日

图 8-8

8.2.5 申请书与普通书信有区别

申请书是指个人或企业为了达到办理业务、获取支持或请求批准等商务目的，向有关主管部门提交的申请文书。申请书要求一事一议，对象单一，其基本结构包括以下几项。

标题。有两种写法，一是直接在第一行正中写“申请书”，二是“事由 + 文种”，比如“公司设立登记申请书”“调换工作申请书”等，一般采用第二种。

称谓。顶格写明接受申请书的单位、组织或有关领导，比如“尊敬的 ×× 领导：”。

正文。正文主要由两个部分组成，一是提出申请的具体要求，二是说明理由，不必作太多的议论或说明。

结尾。一般书写“特此申请”“恳请领导帮助解决”“希望领导研究批准”等，也可用“此致”。

落款。要写明申请者姓名或单位名称并加盖公章，注明日期。

常见的商务申请书有借款申请书、减免税申请书和公司设立登记申请书等，其内容侧重各有不同。

（1）借款申请书

借款申请书的申请对象主要是金融机构（银行、信用合作社等），正文主要内容包括：企业的基本情况及经济状况；借款的依据和条件（政府文件及新开发项目等）；借款的必要性、重要性和迫切性；借款的用途、数额及期限；该借款投入后可获得的经济效益；偿还借款的方式、来源和保证，如图8-9所示为某厂贷款申请书。

危房改造贷款申请书

××建设银行：

我厂是一个以生产饼干为主的食品加工厂，属全民所有制企业性质，现有固定资产××万元，自有流动资产××万元，职工××人，××年产值××万元，利润××万元。

我厂现有厂房面积××平方米，其中，约有××平方米属于危房，被城建部门列入危房改造范围，已正式下文，要求在一年内改造完毕，预计投资××万元。而目前我厂可用于建房投资的资金只有××万元。为此，我们曾向主管局申报本年危房改造计划用款××万元，最近，商业局同意做贷款担保，故向贵行申请危房改造借款××万元，请予审查批准。

附：1、“××厂危房改造项目计划任务书”影印件一份

2、“市商业局贷款担保书”一份

××厂

××年×月×日

图8-9

（2）减免税申请书

减免税申请书的主要内容包括：企业目前的经营情况（生产销售数量、售价及销售总额、销售成本、应缴税金和亏损情况）；申请减免税的理由（国家政策规定、特殊困难）；请求批准减免的意见（税种、减免税起止时间和数额）。如图 8-10 所示为某副食品商店的免缴企业所得税申请书。

关于新办企业免缴企业所得税的申请

××地税局：

我店是××年×月份新办的商业零售企业，经营副食品业务，现有职工××人，注册资本××万元，到本年底止实现销售收入为××元，利润净额××元。因我店开业时间短，开业时还有部分装修成本未摊销，当前经营资金比较困难。

根据财政部、国家税务总局财税字[2002]××号通知精神，特申请贵局对我店自开业之日起免征企业所得税一年。

当否，请批示。

××副食品商店

××年×月×日

图 8-10

（3）公司设立登记申请书

公司设立登记申请书的主要内容包括：登记事项、公司名称、公司地址、法定代表人和注册资金、企业类型、经营范围、营业期限以及公司发起人姓名或名称等。

一般商务申请书的正文也可采用公司设立登记申请书常用表格的形式进行书写，如图 8-11 所示。

公司设立登记申请书

<table>
<tr><td>名　称</td><td colspan="4"></td></tr>
<tr><td>名称预先核准通知书文号</td><td colspan="2"></td><td>联系电话</td><td></td></tr>
<tr><td>住　所</td><td colspan="2"></td><td>邮政编码</td><td></td></tr>
<tr><td>法定代表人姓　名</td><td colspan="2"></td><td>职　务</td><td></td></tr>
<tr><td>注册资本</td><td></td><td>公司类型</td><td colspan="2"></td></tr>
<tr><td>实收资本</td><td></td><td>设立方式</td><td colspan="2"></td></tr>
<tr><td>经营范围</td><td colspan="4"></td></tr>
<tr><td>营业期限</td><td></td><td>申请副本数量</td><td colspan="2"></td></tr>
<tr><td colspan="5">本公司依照《公司法》、《公司登记管理条例》设立，提交材料真实有效。谨此对真实性承担责任。</td></tr>
</table>

图 8-11

8.2.6 建议书，要切实可行

建议书是指企业或个人对某个项目或工作有些具体的思考，进而向有关部门、上级提出改进措施和建设性意见所用到的一种书面函件，它的格式和一般书信大体相同，分为以下几个部分。

标题。通常在第一行正中书写“建议书”字样，或是突出建议的具体内容，写作“关于 ××× 的建议书”。

称呼。在第二行顶格书写受文单位的名称或个人的姓名，后加冒号，比如：“李董事长：”，还可在下一行空两格书写“您好”，再加感叹号。

正文。正文内容包括3个部分。第一部分，写明建议的原因及目的；第二部分，根据具体的问题，书写建议的具体内容，最好分条列出，直观醒目；第三部分，表达自己的谦虚，希望对方采纳自己的想法。

结尾。结尾一般表达自己的愿望及对收信人的敬意或祝愿。比如“希望某某能采纳我的全部建议”。

落款。空一行在右下角书写建议者的姓名或企业名称，再署上成文日期。一般建议书如图 8-12 所示。

关于公司改制的建议书

尊敬的董事长：

您好！

我怀着激动而又不安的心情来到了××公司，激动是因为能来到像××这样在国内也是举足轻重的企业实现自己的人生价值，是我的荣幸；然而，对于刚刚离开校园的我来说，走向社会进入自己的工作岗位是一个新的挑战，将会面临许多问题。

在刚工作的这段时间里，我发现企业存在一些问题，觉得可从以下两个方面进行改进。

一是加大企业培训力度，切实增强培训的实际效果。加大培训主渠道的改革力度，多办短班，提高效率，注重实效。进一步加大选派年轻职员到发达地区挂职锻炼的力度。

二是进一步优化领导队伍结构。注重选拔高学历、专业型人才，以及熟悉现代经济管理、金融和外贸工作的干部和熟悉法律工作、善于依法行政的干部，其中经济管理人才应占一定的比例。要深化干部制度改革，重点探索和建立领导干部聘用制、任期制。

希望您能接纳我的一点不成熟的建议。

最后祝董事长身体健康，万事如意。祝我们公司蒸蒸日上，明天更加美好，作为××员工，我自豪，我骄傲。

此致

××有限公司
李明
2017 年 6 月 6 日

图 8-12

由于建议书的内容主要表达一些想法和建议，所以文本性较强，而且必须是被领导批准认可后才能实施，所以建议书具有较强的可塑性，可根据具体的情况来修改、增删内容。因此，在写建议书的时候还应该注意以下一些问题。

①从实际出发，实事求是。提意见、写建议要根据具体问题、实际需要和可能的条件，而不能凭空想像，不着边际地提，这样才有助于改进工作方法，开展有益活动。

②说话得体，有分寸。所提意见和建议应当比较准确、合理，有分寸。这样写，意见容易被接受，从而达到目的。此外，要使意见和建议在现实条件下行得通，不应该说过头话，也不应该提过高的要求。

③内容具体、清楚且实在。建议书的核心部分是所提建议的内容，因此，写建议书不管是分条开列，还是不列条款，都应当把建议的内容写具体、写清楚，使人一目了然。这样企业和领导在考虑是否采纳的时候才容易落到实处。切记不要说空话、套话，不要抽象、笼统。

8.2.7 感谢信，要真实得体

感谢信是向支持过自己业务的企业或个人表示感谢的专业书信，广泛应用于个人与组织之间、组织与组织之间。感谢信的结构一般由以下几个部分组成。

标题。在第一行正中用较大的字体写上“感谢信”字样，也可在前面加上感谢事宜或感谢对象，比如“致 ×× 物业公司的感谢信”。

称谓。第二行顶格写对方单位名称或个人姓名，姓名后加上适当的称呼，后加冒号，比如“×× 采购公司：”“李明先生：”。如果感谢对象比较多，可以把感谢对象放在正文中间提出。

正文。第三行空两格写正文，主要内容包括两部分：其一，感谢对方的理由，交代清楚时间、地点、事宜、过程和最后的结果等基本情况；其二，表达感谢之意，直接真诚即可，不要假大空。

结语。正文后另起一行空两格写上“此致”或“再次表示诚挚的感谢”之类的话，也可自然结束正文，不写结语。

落款。换行在最右侧署上单位名称或者个人姓名以及发文日期。

一般感谢信如图 8-13 所示。

致××有限公司的感谢信

××有限公司的全体团队：

我公司在进行采购项目时，因原材料出现问题，加上碰到了棘手的技能问题，而此项目工期紧，若此环节耽搁，将会影响整个工程的进度，幸得到贵公司的大力帮助，使得我公司顺利完成此项目，在此表示衷心感谢！

此致

××有限公司

2017 年 3 月 5 日

图 8-13

职场人士在书写感谢信的时候，还要注意以下一些方面的问题。

- 写表示谢意的话要得体，既要符合被感谢者的身份，也要符合感谢者的身份，切记不要写成表扬信。
- 内容要真实。感谢信以说明事实为主，切勿不着边际地大发议论，不可夸大溢美，以免给人一种不真诚的印象。
- 用语要适度。感谢信的内容着重写主要事实，写清事情的六大要素（时间、地点、人物、起因、经过和结果）即可，不使用过多修饰语。

读者意见反馈表

亲爱的读者：

感谢您对中国铁道出版社的支持，您的建议是我们不断改进工作的信息来源，您的需求是我们不断开拓创新的基础。为了更好地服务读者，出版更多的精品图书，希望您能在百忙之中抽出时间填写这份意见反馈表发给我们。随书纸制表格请在填好后剪下寄到：北京市西城区右安门西街8号中国铁道出版社 吕芠 收（邮编：100054）。或者采用传真（010-63549458）方式发送。此外，读者也可以直接通过电子邮件把意见反馈给我们，E-mail地址是：lvwen920@126.com。我们将选出意见中肯的热心读者，赠送本社的其他图书作为奖励。同时，我们将充分考虑您的意见和建议，并尽可能地给您满意的答复。谢谢！

所购书名：______________________________

个人资料：

姓名：____________性别：__________年龄：__________文化程度：________________

职业：____________________电话：________________E-mail：____________________

通信地址：______________________________________邮编：______________________

您是如何得知本书的：

□书店宣传 □网络宣传 □展会促销 □出版社图书目录 □老师指定 □杂志、报纸等的介绍 □别人推荐

□其他（请指明）____

您从何处得到本书的：

□书店 □邮购 □商场、超市等卖场 □图书销售的网站 □培训学校 □其他

影响您购买本书的因素（可多选）：

□内容实用 □价格合理 □装帧设计精美 □带多媒体教学光盘 □优惠促销 □书评广告 □出版社知名度

□作者名气 □工作、生活和学习的需要 □其他

您对本书封面设计的满意程度：

□很满意 □比较满意 □一般 □不满意 □改进建议

您对本书的总体满意程度：

从文字的角度 □很满意 □比较满意 □一般 □不满意

从技术的角度 □很满意 □比较满意 □一般 □不满意

您希望书中图的比例是多少：

□少量的图片辅以大量的文字 □图文比例相当 □大量的图片辅以少量的文字

您希望本书的定价是多少：

本书最令您满意的是：

1.

2.

您在使用本书时遇到哪些困难：

1.

2.

您希望本书在哪些方面进行改进：

1.

2.

您需要购买哪些方面的图书？对我社现有图书有什么好的建议？

您更喜欢阅读哪些类型和层次的经管类书籍（可多选）？

□入门类 □精通类 □综合类 □问答类 □图解类 □查询手册类 □实例教程类

您在学习计算机的过程中有什么困难？

您的其他要求：